应用型人才培养导向下高校教育教学理论与实践研究

桑爱友　著

吉林人民出版社

图书在版编目(CIP)数据

应用型人才培养导向下高校教育教学理论与实践研究 /
桑爱友著 . -- 长春 : 吉林人民出版社 , 2022.7
ISBN 978-7-206-19336-1

Ⅰ.①应… Ⅱ.①桑… Ⅲ.①高等教育 – 教学研究 –
中国 Ⅳ.① G649.21

中国版本图书馆 CIP 数据核字 (2022) 第 233248 号

应用型人才培养导向下高校教育教学理论与实践研究
YINGYONG XING RENCAI PEIYANG DAOXIANG XIA GAOXIAO JIAOYU JIAOXUE LILUN YU SHIJIAN YANJIU

著　　者：桑爱友
责任编辑：门雄甲　　　　　　　　　封面设计：袁丽静
吉林人民出版社出版 发行（长春市人民大街 7548 号）　邮政编码：130022
印　　刷：三河市华晨印务有限公司
开　　本：710mm×1000mm　　1/16
印　　张：10.5　　　　　　　　　字　　数：180 千字
标准书号：ISBN 978-7-206-19336-1
版　　次：2022 年 7 月第 1 版　　　印　　次：2022 年 7 月第 1 次印刷
定　　价：68.00 元

如发现印装质量问题，影响阅读，请与印刷厂联系调换。

前　言

改革开放以来，中国社会和经济得到了前所未有的发展，快速提高的经济水平和科技水平对应用型人才的需求量大幅增加，同时对应用型人才的质量提出了更高的要求。在这一背景下，应用型高校普遍开始了教育教学改革，不断探索应用型人才培养方案和培养路径。

本书以应用型人才培养为导向，分六章对高校教育教学理论与实践进行了深入研究。

第一章为应用型人才培养模式概述，主要通过对人才培养模式的含义和分类解析，研究应用型人才培养模式的内涵和具体分类；第二章为应用型高校教育教学发展概述，以高等教育大众化发展为理论基础和背景，对应用型高校的人才培养模式展开研究；第三章为应用型人才培养导向下的高校课程开发设计，从政策推动和高校支撑、专业学习共同体、课程评价制度和精品课程开发设计四个角度进行具体阐述；第四章为应用型人才培养导向下的高校教学模式改革，以改革开放后高等教育的改革历程为基点，重点研究应用型高校教育改革的方向和路径，并针对校企合作教学模式的建设展开深入探究；第五章为应用型人才培养导向下的高校教师发展模式，主要针对应用型高校师资队伍建设进行研究；第六章为应用型人才培养导向下的高校校园文化体系构建，从校园文化建设层面展开对应用型高校校园文化的特征和构建路径的研究。

鉴于笔者水平有限，书中难免存在不足之处，恳请各位同行及专家、学者批评指正。

目　录

第一章　应用型人才培养模式概述

第一节　人才培养模式的内容、分类及发展

人才培养模式指的是在一定的现代教育理论和教育思想的指导下，按特定培养目标和人才规格，以相对稳定的教学内容、课程体系、管理制度、评估方式，实施人才教育和培养的过程。

一、人才的内涵和分类

人才培养模式所针对的是人才，因此在了解人才培养模式之前先要清楚人才的内涵和具体的分类。不同的文献对人才的界定有所不同，因此标准和尺度也不同。《辞海》中对人才的界定如下：有才识学问的人；德才兼备的人。从社会进步的角度来看，人才包括各个方面对社会进步有贡献的人，如有学历有文凭的脑力劳动者，或体力劳动者，只要知识丰富、本领高强，能够推动社会进步，就属于人才。也就是说，人才属于相对的且不断发展的概念，不同的社会背景、不同的社会需求和不同的经济发展阶段对人才的标准和要求不同。

（一）人才的内涵

不同时代和不同社会背景下，人才的含义会有所差异，因此人才的内涵也在不断完善和丰富。进入 21 世纪以来，随着经济全球化的快速发展，人类科学技术快速发展，人才全球化的趋势也更加明显，全球范围内经济结构的调整和变化对人才提出了更高的要求。

综合而言，21 世纪以前全球的发展和财富的源头是物质资源，经济发展的主要支柱是已经持续数千年的农业经济和仅发展二百余年的工业经济。农业经济主要依托自然资源特性，对有限资源进行开发并获得财富。随着人类科学技术的不断发展，知识在不断积累和丰富，人类开发自然资源的能力得到增强，也开始意识到自然资源的稀缺性。为了更好地开发自然资源，各种依托科技手段的工具被研发出来，极大地提高了生产效率，于是农业经济开始向工业经济过渡。

进入 21 世纪以来，数据化、信息化发展趋势越来越显著，在此基础上，以知识为基础、以脑力劳动为主的知识经济开始兴起。知识经济的绝对主体就是 21 世纪以来全球各国发展的核心源头——人力资源。也就是说，全球不同国家的综合国力将更加倚重科技的快速进步和人才的培养，只有加快培养社会所需的各种人才，才能够推动科技的再次进步，从而在未来的发展中赢得主动。

21 世纪所需要的人才是综合人才：既掌握了丰富知识又具备独立思考和解决问题的能力，善于自我学习和自我修整提高，可以将学到的各种知识灵活运用在生活和工作中；既通晓相关专业和领域的知识，又善于将多个专业和领域的技能、知识进行结合，最终应用于具体问题；既能够以创新能力推动实践，以创新意识引导实践，又能够通过实践完善创新能力，不断提升创新能力；既能够独立思考和独立解决问题，可以很好地认识自我、控制情绪和激励自身，又能够参与团队合作，充分发挥自身优势，促使团队不断进步。

总之，在瞬息万变且迅速发展的新时代背景下，人才的内涵更加细化，也更加清晰，除了具备更加多元化、更加综合化的能力，又需要具备将理论和技术、学术和实践进行深化融合的能力。

（二）人才的分类

对于人才的分类，可以从两个角度着手，一是从教育教学角度分类，二是从社会需求角度分类。

从教育教学角度分类可以将人才分为四类。一是专业型人才，也称专才，即受过对应专业教育和高度专业化训练，其具备的基础知识和基本能力均与专业知识关系密切，主要为相关专业的发展和建设服务。

二是通用型人才，也称通才，即所具备的基础知识和专业知识的关系并不十分密切，基础理论知识扎实且知识面宽广，所以适应能力较强，课程体系偏向工程和科学技术等相关领域，在对应的某一领域拥有多种发展可能。

三是复合型人才，即具备本专业极为扎实的基础理论知识和专业知识，同时拥有多样化的人文、经营、管理等方面的知识，具备除本专业外的第二专业或第三专业的基本知识和技能，能够跨越多领域进行多样化发展，如：理工结合、软硬科学知识兼备的复合型工程人才，如：国际贸易、经济管理、生产技术且具备外语能力的复合型经贸人才。

四是交叉型人才，即随着科技不断发展，新型学科专业不断涌现，这些新兴专业领域打破了传统的专业界限，形成了学科交叉融合式新专业，为满足此领域的人才需求，针对性培养的就是交叉型人才。

从社会需求角度可以将人才分为两类：一类是学术型人才；一类是应用型人才。任何社会进步和发展都要依赖认识世界的需要和改造世界的需要，认识世界的需要就是认识世界的本质属性和世界运转的客观规律，改造世界的需要就是运用了解到的客观规律服务人类和人类社会，实现社会实践的发展和提高。

人类社会的发展目的就是通过认识世界来改造世界，整个过程中需要进行两个转化阶段：一个是将世界上的客观规律转化为科学原理，属于科学原理的发现过程，为研究和学术的范畴，较具代表性的有相对论、电磁理论、热力学理论、量子理论、经典力学理论；另一个是将科学原理运用于社会实践中，为人类发展服务，如：相对论中的质能守恒推动了核能的发展、核电站的开发为人类提供了庞大的电能、经典力学理论中的摩擦力学为机械工程和工业的发展提供了理论支撑，等等。

与人类社会发展需求相对应，社会对人才的需求也分为两大类：一类是发现和研究世界客观规律的人才，即学术型人才，包括物理学家、经济学家、气象学家，此类人才主要将自然科学领域和社会科学领域的客观规律转化为科学原理，以便完善人类的理论知识体系；另一类是应用科学原理和世界客观规律为人类和社会谋求利益的人才，即应用型人才，他们将新发现的各种知识和科学原理直接应用于社会生产、社会生活相关的实践领域。

根据应用型人才在社会实践领域运用知识和能力过程中具备的创新程度、解决问题的复杂程度，可以将其分为三个层面。第一层面的应用型人才主要涉及应用型技术研究活动，即承担的是社会和经济发展过程中的发明创造重任，属于先驱者和试验者；第二层面的应用型人才主要涉及应用型技术的使用和验证活动，即承担的是将研究者的发明、创造、发现转化为可实践或接近可实践的责任，主要从事的是设计、开发、管理和决策；第三层面的应用型人才主要涉及将决策、设计和方案等完全转化为现实，并形成不同形态和不同应用效果的产品，即承担的是生产实践任务，主要是将方案设计者和方案策划者的内容运用到实际中。

三个层面的应用型人才属于社会和经济发展链条上不可缺少的一

环，每个层面的人才都会对社会和经济的发展起到特定的作用，同时又紧密联系并形成了特定的逻辑关系。从此角度看，应用型人才并无层面差异，而是类型差异，与学术型人才形成了较为互补的人才架构。学术型人才更强调理论知识、科学研究，更注重知识的深度和广度；应用型人才则更强调应用知识和技术手段，更注重实用价值和实践紧密结合。

二、人才培养模式的内容

人才培养模式虽然描述非常多样，但究其根本，其所围绕的就是"为什么构建人才培养模式""需要培养何种人才""如何开展人才培养"这三个层面的问题。从上述三个层面的问题可以发现人才培养模式的具体内容主要包括以下几方面的要素。

（一）人才培养的目标

人才培养的目标是人才培养模式的依据和核心出发点，指的是教育的根本目的，以及不同高校和不同专业具体的培养要求和培养方向。其中主要包括人才的培养规格、人才的根本特征、人才的培养方向和专业培养要求，这是人才培养模式的决定性因素，属于解决人才培养模式要培养何种人才的问题，同时是教学制度、专业设置、课程设置进行细化的前提。通常，人才培养的目标受到社会对人才类型、人才规格的需求制约，也受到学生自身的基础条件和发展要求的制约。

（二）人才培养的过程

人才培养的过程是实现人才培养目标的具体中介手段，是以目标为指引所开展的各种活动和过程，主要包括专业设置、课程体系、培养方案和培养活动等方面的内容。

专业设置反映的是人才培养模式的服务方向和业务规格，通常需要根据社会发展的产业结构需要、具体的专业和学科分工等设置学科门类。普通高等学校本科专业目录（2020 年专业目录上增设 2021 年与 2022 年专业），如图 1-1 所示。

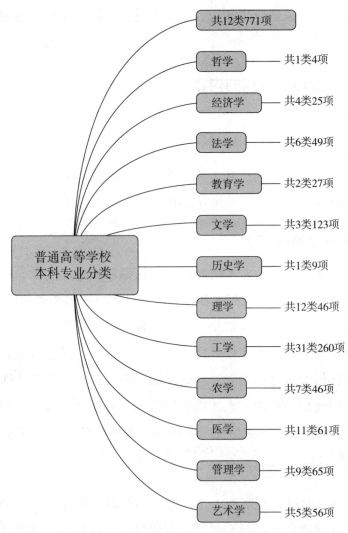

图 1-1 普通高等学校本科专业目录门类和专业类数量

课程体系是人才培养活动实施的载体，通常需要根据课程体系的总量和课程类型、课程综合化程度和结构平衡性、课程设置的机动性和发展灵活性进行衡量。

培养方案是人才培养模式进行实践化的具体形式，包括目标定位、教学计划、教学手段和教学途径安排等内容。

培养活动是在人才培养过程中一切显性和隐性的教育环境和教育活动的总和。

（三）人才培养的途径

人才培养的途径指的是实现人才培养目标和落实人才培养模式的具体手段，包括教学方法、教学手段、组织形式的改革和完善，属于提升整体教育质量的重要因素。高校需要根据专业人才培养体系的构建来选择有利于实现人才培养目标的途径，并对教学模式进行统一落实。

（四）人才培养的机制

人才培养机制指的是高校制度层面关于人才培养模式实施和建构过程中的重要规定程序和实施体系，是人才培养模式得以贯彻的重要保障和前提，也是对人才培养过程中对人才培养质量和培养效益做出客观衡量、科学判断的重要方式。通常需要对人才培养模式的整个流程进行监督把控，包括培养目标的合理性、培养制度的可操作性、培养途径的可实施性，并根据衡量结果进行反馈和调节，以便推动人才培养模式的有效执行。

三、人才培养模式的具体分类

人才培养模式在不同维度拥有不同分类，如今被广泛接受的人才培养模式有以下几种类型。

（一）大众模式和英才模式

大众模式强调的是教育的公平性和教育的普及性，通常不会实行教育分流制度和按照学业成绩的分班制度，其最终目的是实行一种普遍开放的入学制度，从而令所有人都拥有接受教育的机会。英才模式则强调教育分层功能，通过教育筛选和教育淘汰，将人才培养分为普通劳动者教育和学术人才教育，在整个教学过程中会实行人才分流的模式，包括外部分流、外部分轨、外部分校、内部分流、内部分轨、内部分班等手段。

（二）单科模式和复合模式

单科模式指的是运用专业单学科知识和培养方法对人才进行培养，人才最终更趋向于单向性，人才的知识结构较为单一，但同时更为专业化，更像某一单科知识的不断深挖，属于单一学科的纵向发展的模式。复合模式则指的是运用跨学科方法培养一种新型人才，此类人才在多个学科领域都需要具备一定程度的专业水平，属于学科领域横向、高强度发展的模式，能够培养出更具发展潜力的人才，比较适用于专科、本科、研究生等不同人才培养层次的教育模式。

（三）专才模式和通才模式

专才模式是一种更加侧重对学生进行专业领域划分培养，通过领域进行专业化教育的模式。与普通高等职业教育不同的是，此类人才培养模式更加注重人才的专业学科逻辑体系的建构和完善，可以令人才在专业领域更显专业性。通才模式则是一种更加侧重对学生实行不同专业领域和专业学科的共同基础的培养，也称为通识教育。其培养的人才知识结构所涉及的专业领域和专业学科更宽泛，但对应而言不会太过深化，是一种知识内容和知识结构更加宽广的培养模式。整体来看，专才模式的知识结构更显专业性，通才模式的知识结构更具范围性和适应性。

（四）学术模式和应用模式

学术模式和应用模式的人才培养模式分类主要反映的是，培养出来的人才在知识结构和能力结构方面的指向性有所不同。学术模式主要培养的是从事科学研究方面的人才，更注重理论性知识结构的完善，在能力结构方面也更注重研究和理论性；应用模式主要培养的是从事实践类工作的人才，更适合进行技术工作、研发工作、经营管理工作、社会服务工作、教育教学工作、推广工作，更注重将理论和知识应用到实际中，在能力结构方面更加注重操作性和实用性。

人才培养模式的分类还可以根据不同的角度进行划分，如从教育目标角度划分，可以分为传承模式和创新模式；从教育内容角度划分，可以分为刚性模式和弹性模式；从教育方法角度划分，可以分为师本模式和生本模式，等等。综合而言，人才培养模式的具体分类主要是为了区别人才培养过程中的侧重点，甚至不同的分类下还可以再进行细分，如专才模式和通才模式下，依旧可以进行学术模式和应用模式的细节分支。

四、人才培养模式的多样化发展

从以上人才培养模式的分类可以看出，人才培养模式呈现出了多样化发展的态势，这一方面与时代背景、社会和经济的发展需求有巨大关系，另一方面与教育发展需求、人才个体发展需求有巨大关系。

（一）时代和社会经济发展需求层面

从时代和社会经济发展需求层面进行分析，人才培养模式之所以多样化发展可以从以下三个角度着手。

首先，随着国家科技、经济、文化的不断发展和完善，高等教育必然会从精英教育向大众教育发展和过渡。从国际高等教育的发展历程来看，随着国家工业化的快速推进，高等教育自然而然地向大众教育发展。这主要是因为国家的工业化发展对人才有着多样化需求，不仅需要学术类专业人才，还需要应用型人才、技术型人才、职业型人才等各种专业人才。

中国正处于工业化、现代化、经济社会化发展的关键时期，这样的时代背景下，国家的现代化建设必然需要多样化的人才进行支撑，尤其是对应用型人才、技术型人才等实践能力较强的专业人才的需求量更是大幅提升。这在一定程度上推动了人才培养模式的多样化发展。

其次，中华人民共和国成立初期，国家实行的是高度集中的计划经济体制，对人才的需求较为单一，因此人才培养模式主要是培养学理型人才，培养人才的规格和手段都比较单一。

随着国家经济的快速发展，改革开放政策实行和推广后，经济增长的方式开始由改革开放初期的粗放型向集约型转变，这自然会推动市场中产品结构的调整、企业的跨界重组和经营机制的快速转变，从而对人才的需求更加多样化。高等教育作为提供社会发展人才的学府，自然需要主动适应需求。这就需要高校在人才培养目标、人才规格、教育思想、专业设置、课程结构、教学内容等各个方面进行全面改革。

最后，不同地区在生产力发展水平、地理环境、产业机构、发展战略、资源优势、发展途径、文化传承等方面都会有所差异，这就使不同地区的经济发展水平呈现出多样化态势。

上述这些因素都会在一定程度上影响高等教育的发展和人才培养模式的建构，例如：生产力水平差异会使不同地区的高等院校的人才培养规格和人才培养质量要求有所差异；产业结构、地理环境、资源优势的不同会直接影响高等院校的学科门类结构和专业设置；经济发展战略和发展途径对高等院校的专业设置会产生重要影响。这种社会发展的不均衡性必然要求高等院校实行多样化的人才培养模式，以满足地区对人才的不同需求。同时，受到国际化发展和现代化发展的影响，全社会对国际型人才的需求不断增加，从而推动了高等院校在人才培养模式方面的多样化发展。

（二）高等教育与个体发展需求层面

从高等教育与个体发展需求层面来看，人才培养模式之所以多样化发展可以从以下三个方面认识。

首先，学生个体发展需求呼唤着人才培养模式的多样化发展。随着中国社会和经济的快速发展，全社会需要接受高等教育的成员数量和比例不断增加，这种发展趋势加剧了学生个体的差异性和多样化发展，不同年龄、不同能力优势、不同素质、不同发展潜力的学生个体都需要人才培养模式多样化发展。

同时，个体的发展需求受到社会外部因素的驱动，也受到个体的社会责任感、理想追求、人格完善、综合素质提高等内部因素的影响，不同的个体对不同的观念、不同的文化、不同的思想的学习需求有所不同，在谋求精神满足、工作和生活目标方面也有所不同，这些因素都驱动着多样化人才培养模式的发展。

其次，教育终身化和社会化发展也在要求着人才培养模式的多样化发展。知识经济时代，科学技术的发展日新月异，快速发展的社会和科技使专业知识的有效性大大缩短；经济全球化的发展也在推动着传统生产方式和管理理念的变化，社会人才的知识结构和能力要素结构都在发生重大变化。任何人都无法保证自己在一生中仅从事一个行业或仅做一份工作。

而且随着人们的生活水平和质量的提高，以及各种新兴科学技术不断向生活层面渗透，推动着人们必须保持终身学习新知识、学习新技能、接受新事物和新思想的理念和习惯，而要实现这一目标，必须通过构建现代化的终身教育体系来建设全民终身学习的学习型社会。构建学习型社会的目标必然要求正规的普通高等教育也纳入终身教育体系，即普通高等教育已经不再是人们接受教育的重点，而仅仅是知识青年转变为社会人才前的主要教育阶段。这就需要普通高等教育进行重新定位，并进行体系重组，通过多样化的人才培养模式来进行社会需求、教育需求、个体需求的有效衔接。

最后，高等教育和高等院校的发展需求同样是多样化的人才培养模式。从社会和教育角度来看，高等院校的高等教育发挥的是关键性的桥梁作用，即沟通社会需求和个体需求的纽带。

现代化社会所呈现出的不同领域、不同行业、不同岗位的价值观念、技术条件、专业能力、运行方式均有所不同，同时个体的不同成长经历、社会期望、发展目标、爱好特长均有所不同，即社会岗位的需求呈现多样化特性，个体发展要求也呈现多样化特性，这就要求高等教育和高等院校建立多样化的人才培养模式，以使社会需求多样化和个体要求多样化得到统一和实现。

第二节　应用型人才培养模式的相关要素及特点

应用型人才培养模式是高校为了实现培养应用型人才的目标所开展的较为稳定的教育活动，其结构样式和运行方式会在教育实践过程中形成特定的应用型人才培养的风格和特征，具有明显的系统性。

一、应用型人才的能力结构

应用型人才培养模式是为了培养应用型人才，这就需要对应用型人才的能力结构进行深入了解，只有清晰其需要具备哪些能力，才能更好地完善应用型人才培养模式，以便培养出对应的人才。在如今的社会和经济发展背景下，不同领域、不同行业、不同岗位对应用型人才的能力要求还无法统一，但相对而言，任何一名合格的应用型人才都需要具备一定的基本能力，具体体现在以下几个方面。

（一）终身学习能力

随着互联网技术的普及和发展，现代社会中随时随地都包含着海量的信息，而要想在海量的信息中捕捉到关键的有效信息，就需要具备足够的学习能力；社会和经济的快速发展也要求个体必须具备终身学习能力，即持续且稳定的学习的能力，其核心同样是学习能力。

学习能力主要包括两方面内容，一是知识获取能力，二是知识再现能力。知识获取能力指的是大脑对知识的吸收、加工、储存能力，知识再现能力则是面对实际问题或实际情境时，对相应知识的回忆、表现及应用的能力。

知识再现能力包括三个层面的内容：第一个层面是纯机械性回忆，指的是面对新问题和具体情境，回忆学过的知识；第二个层面是知识加工，指的是将学过的知识进行简单加工，以便解决一般的问题和一般的情境任务；第三个层面是知识创新，指的是通过对已有知识的加工、重组，形成全新的知识，以解决较为复杂的问题和较为复杂的情境任务。

应用型人才不仅需要具备足够深度的知识结构，还需要拥有足够广度的知识结构，包括扎实的专业基础知识和过硬的应用知识，以及广阔的实践类知识，如一定的人文知识、财务知识、管理知识、社交知识、科技知识。这就要求应用型人才必须具备较强的终身学习能力，能够不断优化和完善自身的知识结构。

（二）实践能力

应用型人才最突出的特点就是将学习到的知识直接应用于社会实践之中，因此实践能力是其最本质、最核心的特征。实践能力主要包括动手操作能力、组织工作能力、谋划和决策能力、调查分析能力、解决问题能力。这就要求应用型人才必须进行大量的训练和锻炼，同时拥有相应的手脑协调能力，能够通过行为和操作，以技术的形式将大脑中所吸纳的各种知识和理论付诸实际。

（三）勇于创新能力

应用型人才的创新能力主要体现在积极主动地进行实践，从而能够不断推出新构思、新设计，并运用新方法、新方案、新思路去分析和解决问题。这就要求应用型人才具备强烈的创新意识，不会因为固有的技术限制而停止分析、思考、尝试，只有在强烈和积极的创新意识引导下，才能够形成强烈的创新动机，从而通过创新目标的树立，充分挖掘出自身的潜力，将创造力真正激发出来并应用于实际之中，最终在实践之中创造出新技术、新理论，形成新观念、新方法。

（四）协同合作能力

通常情况下，工作任务较为复杂，完成该任务往往需要各方面人才的配合，这种人才之间的配合就是协同合作的能力，主要体现在参与者良好的人际关系和合作精神方面。良好的人际关系和合作精神需要人与人之间形成彼此信任、彼此协同、彼此发挥最大优势的工作模式，通过有效沟通和交流，最终形成默契协作，完美地解决问题和完成任务。

随着社会的快速发展和科技的不断进步，人们的生活节奏和工作节奏都在不断加快，因此很多创造性工作越来越依赖团队协作的力量，只有通过多个人才的有效交流协作，共同努力并彼此信任，充分发挥出每个人才的特征和优势，展现出不同人才的竞争力，才能够不断推进事业和工作任务的完成与发展。

同时，随着经济全球化进程的不断加快，不同国家对人才素质的要求也开始不断向其他国家渗透并产生影响，具备国际交往能力和熟悉国际运行规则的人才将会越来越受到社会的欢迎。作为应用型人才，也需要向国际人才发展和完善，逐步培养自身的国际合作和交流能力，以满足国际上对人才的需求。

二、应用型人才培养模式的目标定位

从广泛意义来分析，应用型人才所涵盖的范围极广，可以说除了专门从事基础理论创新和研究的纯研究型人才外，其他人才都可以称为应用型人才，其广泛的范围也产生不同的类型和层次。不同教育体系所培养的应用型人才的类型和层次也有所不同，这就形成了不同教育体系下不同应用型人才培养模式的目标定位，具体目标定位如图1-2所示。

图1-2　不同教育体系下不同应用型人才培养模式的目标定位

（一）中等职业教育体系应用型人才培养模式的目标定位

以中等职业教育体系而言，其培养的应用型人才是以操作技能为核心，旨在为社会输出各种现代化技术操作人才，培养与中国特色社会主义现代化建设要求相适应的，具备综合职业能力，能够在生产、服务一线工作的技能型人才和高素质劳动者。根据教育部的要求，中等职业教育改革需要体现的是就业导向成果，即将人才的培养重点放在技能学习上，其对应的应用型人才培养模式的目标定位是培养操作应用型人才。

（二）高等职业教育体系应用型人才培养模式的目标定位

以高等职业教育体系而言，其培养的应用型人才是以职业岗位技能需求为核心，通过培养服务区域发展的技术技能人才来重点服务社会企业的技术研发、产品升级等需求，因此需要建立的是以职业需求为导向、以实践能力培养为重点、以产学研结合为途径的应用型人才培养模式。也就是说，高等职业教育体系的应用型人才培养模式的目标定位是培养技能应用型人才。

随着不断完善和发展，中国高等职业教育已经形成了较为完整的教育体系，其中专科层次主要是为企业培养技能应用型人才，本科层次则分为应用型本科和师资型本科两类。一般而言，应用型本科教育注重加强实践教学环节，是技能应用型人才的深化再造，师资型本科教育则注重加强学生的双师型能力建设，以推动高等职业教育的健康持续发展。

（三）本科层次应用型人才培养模式的目标定位

中等职业教育体系和高等职业教育体系培养应用型人才均是以职业、岗位、具体岗位操作技术等方面进行专业设置，因此培养的应用型人才可以统称为岗位应用型人才，而本科层次及以上层次教育体系所培养的应用型人才需要具备更强的创新性和通用性，要具备更强的自主学习能力和岗位适应能力，还需要具备适应多种岗位的综合素质。这就要求本科层次对应用型人才的培养更强调人才的知识、能力、素质的协调发展。

另外，本科层次培养的应用型人才需要拥有更强的实践技能和动手能力，并能够快速适应不同岗位需求，以解决工作中遇到的实际问题。这就要求本科层次的教育体系要以培养和锻炼人才的学习能力（包括知识获取能力和知识再现能力）、实践能力（包括实践经验和岗位操作技能）、沟通能力（包括理解能力、表达能力、团队协作能力）、创新能力（主要是理论知识的实际应用和挖掘能力）为关键，也可以说本科层次应用型人才模式的目标定位是培养综合应用型人才。

三、应用型人才培养模式的相关要素

应用型人才培养模式属于系统性教育模式，从人才培养模式的一般原理和应用型人才培养的特点分析，应用型人才培养模式需要包括以下几方面的要素。

（一）培养目标

应用型人才培养模式的培养目标需要根据三个关键因素进行确定。

首先，必须根据国家高等教育主管部门所制定的专业目录相关规定进行。比如：教育部正式颁布的普通高等学校本科专业目录中有以下两类较为特殊的专业设置。一类被称为特设专业，会在专业代码后加 T 表示。特设专业属于动态性专业，需要每年向社会进行公布。当特设专业发展成熟就能够成为基本专业，而在发展过程中无法延续，就会逐渐将特设专业名单取消。另一类则被称为国家控制布点专业，会在专业代码后加 K 表示，通常是专业性很强且需要国家参与控制学生数量的专业，和社会需求量息息相关，该专业共有两种：一是极为热门的专业。

高校在确定培养目标时必须以国家制定的专业目录为基础，按《普通高等学校本科专业设置管理规定》进行专业的设置和人才培养目标的制定，以避免出现各种后续问题。

其次，高校在确定应用型人才培养模式的培养目标时，需要考虑院校自身的办学特点和师资、设施优势，将复合应用型人才培养模式和创新应用型人才培养模式进行合理区分，突出不同应用型人才的核心特点，以便培养出更加匹配社会发展需求的人才。

最后，高校确定培养目标时需要考虑院校所在地区的文化、经济、科技发展阶段和特定需求，在放眼全国社会发展需求的基础上，细化地区发展需求，有针对性地培养契合地区发展所急需的人才，以便为地区发展提供人才支撑，为高校自身的可持续健康发展奠定基础。

（二）专业设置

专业设置指的是高等教育主管部门和高等院校根据人才培养需要所设置的各个专门领域相关的主干学科、主要服务面向等内容。应用型人才培养模式需要解决的是落实和贯彻宽口径专业设置的指导思想，即突出高校自身资源特性、师资条件、地方经济环境特点，并结合自身所确定的应用型人才培养的培养目标，形成具有侧重点和高校特性的专业设置。

比如：高校所处地区正在大力发展城市地铁建设，同时高校引入了对应师资力量，就可以针对性地进行工学—土木类—城市地下空间工程专业的设置，这不仅能够有效发挥高校引进的师资优势，还能够有效支撑所在地区的城市地铁建设和发展。

当然，高等院校进行专业设置需要满足一定的条件和要求，如高校设置本科层次职业教育专业，需要在符合国家和区域经济产业发展领域需求的基础上，制作专业设置的可行性报告，其中包括对行业和企业的调研分析，以及对自身办学基础和专业特色的分析；需要对培养目标和培养规格的论证；需要开设专业的可持续发展规划和对应制度；需要具备足够的师资力量，并满足对应的师资条件要求；需要具备开办对应专业必需的合作企业、经费、校舍、仪器设备、实习场地等办学条件，在对应专业的技术研发和社会服务方面有较好的工作基础；需要拥有较高的培养质量基础和良好的社会声誉。

（三）培养方案

通常情况下，人才培养方案是专业人才培养模式的重要特征之一，从高校角度而言，就是要体现出与全国统一专业设置模式下形成的人才培养方案的不同，需要体现出自身的特色。应用型人才培养模式下的培养方案可以从以下几个方面突出自身特色。

首先，在制定应用型人才培养模式的培养方案时，高校需要充分挖掘和发挥自身的资源优势，如重点院校在师资力量和研究资源方面具有较大优势，因此制定的培养方案可以偏向培养学生的理论研究能力；地方高等院校在师资、生源和资源方面都有一定限制，因此可以根据地方环境和地方社会经济发展特性，制定契合自身条件和满足地方社会需求的人才培养方案。另外，高校在制定培养方案过程中不能过分强调应用能力和技能培养，而应该在夯实专业理论基础的根基上强化实践动手能力，从而培养出具备专业能力和自身特色的应用型人才。

其次，高校所制定的培养方案需要校企共同参与，不仅要遵循技术技能人才的成长规律，还需要突出知识与技能的高层次，即能够推动毕业生从事科技成果和实验成果转化、生产中高端产品和对应加工、提供中高端服务等，使毕业生能够在工作过程中解决较为复杂的问题，进行较为复杂的操作。

同时，高校在培养方案中需要凸显自身的特色。这需要结合高校自身的特点、地区发展特性、合作企业发展特点和人才需求特性，不仅培养方案要和其他不同类型的高校形成差别，还要和同类型的高校形成差别，最终呈现多样化的培养方案。

最后，在制定培养方案过程中，高校需要针对性调整课程设置，尤其是实践性课程、应用型课程、实训型课程要进行突出，需要加强实践课程的占比，通常不能低于50%，且实验和实训项目的开出率要达到100%。不同高校可以根据自身的师资力量和资源特性进行恰当的调整和强化，如高校可以根据自己的师资条件设置对应的理论性较深的课程，但需要保证学生在掌握基础理论知识的前提下，根据自身特性选择是否继续深化理论。

（四）培养途径

培养途径指的是实现应用型人才培养模式的具体方法和渠道。不同高校可以根据自身特点和地域发展特征，选择不同的培养途径，如：校企合作途径、第一课堂和第二课堂结合培养途径，还可以在教学过程中广泛融入网络教学手段，以多样化的方式推动应用型人才培养模式的实现。

另外，高校的应用型人才培养模式与社会需求、经济发展息息相关，因此在培养途径方面需要注重不断更新和动态化，即在教学内容方面要不断吸纳新兴需求和新理论、新知识。教学课程体系也需要进行针对性的改革，不断创新培养途径，以确保应用型人才培养模式的不断推进，有效提高人才质量。

（五）保障机制

虽然保障机制并非完全属于应用型人才培养模式的内在要素，但实施任何人才培养模式都必须建立与之相匹配的保障机制，这样才能促使人才培养模式正常且有效实施。也就是说，保障机制是应用型人才培养模式得以实施的支撑性外在要素，缺少保障机制的应用型人才培养模式必将成为无源之水、无本之木，得不到发展和完善。

具体保障机制，涉及师资队伍建设、教学条件建设和教学管理制度建设三个保障体系，其中师资队伍建设和教学条件建设分别是人才培养模式得以实施的软件条件和硬件条件，没有师资队伍就无法实施具体的教学，也就无法实现具体的培养目标，而没有教学条件就无法承载具体的教学活动，从而无法培养出对应的人才。除此之外，教学管理制度属于评价和监督人才培养质量的关键，只有完善教学管理制度中的质量监控、教学环节监控，营造良好校园文化，构建完善的教学评价体系，才能够确保人才培养目标的实现，也才能够确保所培养的应用型人才符合社会及经济发展需求。

四、应用型人才培养模式的特点

应用型人才培养模式和其他类型的人才培养模式相比，具有以下四个主要特点。

（一）人才培养目标具备应用型人才培养特点

随着高等教育大众化发展，社会发展对人才的需求逐渐呈现出橄榄型趋势，即学术型人才属于少数，一般劳动力的占比也会快速减少，具有一定知识和技术能力的应用型人才的需求则属于大多数。高等教育体系本就承担着大众化教育的重任，在社会需求导向下，其人才培养目标自然也会向培养应用型人才靠拢，以便满足社会对多样化人才的需求以及人才的多样化发展需求。

应用型人才的知识结构主要围绕生产实际需要进行设计，高等教育所培养出的应用型人才需要在生产一线或工作现场从事技术指导、工程管理、技术操作等与实践息息相关的各种工作，因此不仅需要具备与技术应用能力相关的理论知识和专业知识，还需要具备综合运用各种知识解决现场问题、以现有技术条件为基础进行实践创新的能力。

从上述应用型人才的知识结构分析，高校在知识方面的培养目标是宽广口径和深厚基础，即需要从纵向和横向共同完善知识内容；在能力方面的培养目标则是培养具备开发、创新、应用的实践人才，即围绕实际应用拓展人才的能力；在品格方面的培养目标是培养符合社会主义道德标准，综合素质较高的适应类人才。这就要求高校在制定应用型人才的培养目标时，以社会发展和经济市场为导向，以通识教育为基础知识架构，提高学生的综合素质和综合能力，以便为人才的可持续发展、高适应力和终身学习奠定基础。另外，高校还要以培养人才的实践能力为核心，有效提高解决实际问题的能力。

（二）人才培养计划具备应用型人才培养特点

人才培养计划是人才培养模式的方向和实践化形式，应用型人才培养模式在制订人才培养计划过程中，需要契合应用型人才培养的特点，具体需要从以下几个方面着手。

一是要遵循提高人才全面素质的原则，制订出包含知识传授、相关能力培养、综合素质提升、身心协调发展的人才培养计划。

二是加强基础理论和强适应性的有机结合，构建科学的公共基础平台、学科基础平台和专业基础平台，以确保学生能够搭建科学合理的知识结构，支撑其未来的多领域、多行业、多岗位跨界工作和适应的能力。

三是灵活设置专业方向，一方面要符合学生个性化发展的需要，另一方面要符合社会和经济发展对专业能力的要求。从社会需求角度来看，应用型人才的能力集中体现为技术应用能力，即将理论知识转化为可以通过具体技能进行操作，并最终制造出对应产品的能力。

四是制订培养计划时需要根据学生毕业后的就业方向、岗位群技能要求、行业能力需求，设置对应的职业化技能培养模块，以便全面提高学生的职业能力，有效提高学生的就业竞争力和社会适应力。

（三）课程体系设置具备应用型人才培养特点

应用型人才培养模式是高等教育中极具特色的一种教育类型，在课程体系设置方面需要具备应用型人才培养的特点，在选择课程内容和课程设置过程中需要以培养学生能力为核心，如采用建构教学模块的方式对课程体系设置进行完善，一般从基础课模块、专业基础课模块、专业方向课模块和实践教学模块几个角度着手。

基础课模块需要进行全方位强化，努力加强文化修养、语言能力、计算机等工具课程教学，以便为学生的发展奠定扎实基础，同时需要加强通识课程教学，全面提高学生的综合素质，拓宽学生的知识面。

专业基础课模块需要范围较宽，可以从专业相关岗位、相关行业专业需求等方面对其内容进行拓宽，以提高学生的专业适应能力，同时夯实专业理论基础。

专业方向课模块则需要足够新，一方面要契合社会和经济发展需求，另一方面需要根据专业发展趋势进行一定延伸，广泛吸纳前沿专业理论知识和专业技能体系，确保课程内容与社会需求匹配。同时，高校应随时对专业方向模块的教学内容进行迭代，可以结合新兴现代化理念和先进科学技术，对专业内容进行更新和完善。

实践教学模块则需要突出实践能力和应用能力的培养，加强实践教学活动的内容比例和课程比例，通过广泛实践活动来强化学生的动手能力、运用知识解决实际问题的能力、利用现有知识和技术进行创新的能力。

在上述基础上，课程体系的设置还可以针对素质教育需求适当对课程布置进行优化，如按照因材施教原则和学生个性化发展需求，设置一定比例的选修课程，一方面可以满足不同学生的个性发展需求，另一方面能够有效发掘学生的兴趣方向，促进学生实现优势强化发展。

（四）教学方法需具备应用型人才培养的特点

应用型人才不仅需要具备较强的将理论转化为实践操作的能力，还需要具备一定的创新能力和较强的培养潜力。应用型人才的创新能力主要是针对应用目的，通过对工艺、技术、理论的学习，以自身知识体系为基础，将新知识和新技术进行吸收，最终转化为具有创新性的新技术和新工艺；应用型人才的培养潜力主要体现在宽广的知识结构和较强的自主学习能力，因此其不仅具备胜任某职业的技能，还具备向其他职业乃至行业发展的能力，可以运用知识完善现有技术并进行创新和二次开发。

在培养应用型人才的过程中，其创新能力和培养潜力的开发很大程度上就依托于先进的教学方法和手段。因此对教学方法和手段进行优化和改革是提高教学质量的重要举措，一方面能够发展学生个性，突出创新能力的培养，另一方面可以积极推进对应内容的研究，从而促使教师形成创新教学理念。

教师可以将多媒体和网络技术广泛应用于教学，有效调动学生学习的主动性和积极性，同时可以通过创新教学形式来提高学生的创造性，并培养学生发现问题、分析问题、解决问题的能力；可以采用各种新颖的教学方法和手段来促进学生的个性化发展，如：运用提问式、情景式、启发式、讨论式、自主式、案例式等教学方法，融合现代化教学技术，提高学生的创新意识，培养学生的创新能力。

第二章 应用型高校教育教学发展概述

第一节　应用型高校教育教学发展的理论基础

20 世纪 80 年代，国际高等教育界逐渐形成一股新潮流，该潮流的出现与诸多发达国家高等教育大众化发展进程的快速推进息息相关，即开始普遍重视实践教学并开始强化应用型人才的培养。

一、中国应用型高校教育教学的缘起和发展

就在国际高等教育界掀起新潮流的同时，中国正处于改革开放初期，社会和经济的发展如火如荼，受到国际高等教育界新潮流的影响，诸多高校也开始在教育教学改革探索过程中注重实践环境的强化。

（一）高等教育界的深刻反思

20 世纪 90 年代，中国高等教育院校开始普遍开展教育思想讨论，开始反思和总结中国高等教育的发展，并深刻认识到了中国高等教育发展方面的一些弊端。

针对这些弊端，相关教育部门在《关于加强高等学校本科教学工作提高教学质量的若干意见》和《关于做好普通高等学校本科学科专业结构调整工作的若干原则意见》中均强调了要大力推进高等教育院校的教学改革，推动形成以社会需求为导向的多样化人才培养道路，以及大力发展与地方经济建设紧密结合的应用型专业。

（二）中国应用型高校的发展途径

应用型高等教育是高等教育大众化发展的必然趋势和必然产物。从 2002 年开始，中国高等教育进入大众化发展阶段，高等教育在办学层次、办学类型和办学规格方面开始出现多样化特征，发展应用型高等教育顺应了其多样化发展特征。其主要发展途径有以下三种。

1. 教学型大学的转型

中国教学型大学为数众多且多数是本科层次的地方院校，该类院校侧重教学，所以科研规模和科研力量相对较小。虽然此类院校有两种发展趋势，一种是向研究型大学发展，一种是向应用型大学发展，但根据两种发展趋势的分析可以看到，此类院校从教学型大学向研究型大学迈进较难成功。

研究型大学在高等教育大众化阶段实施的是质量教育，需要极为匹配的科研规模、生源质量和教学经费，但从教学型大学的现实情况看，短时间内根本无法实现此类转化。另外，研究型大学培养的是各界引领者，虽然是中国社会和经济发展的必然，但需求量较小。

基于上述原因，教学型大学向应用型大学转型更加契合社会发展需求，因为中国经济建设需要大量的应用型人才，而专科层次高等职业教育培养的应用型人才并不能满足社会需求。具体的转型手段可以从办学理念与办学模式角度着手。

首先，要转变办学理念。教学型大学需要认识到原本的学术性教育的办学理念并不契合社会和经济的发展，同时需要洞悉不同类型的大学需要有不同的人才质量标准。应用型大学培养的人才是面向生产一线的应用型人才，同样极为重要，也可以通过特色发展在高校自身层次和领域办出水平。

其次，要明确办学定位。教学型大学想要顺利转型，就需要明确自身的办学定位，必须能够为地方的经济发展、生产建设等一线产业培养高级应用型人才，以便为地方发展提供智力支撑；需要培养一批能够为地方经济发展解决难题、创新实用技术的应用型人才；需要为当地各种专业技术人才提供终身教育培训基地和继续教育基地，以便推动地方经济的良性快速发展。

最后，要转变办学模式。具体可以从三个方面着手：一是改变传统的先理论后实践的教育理念，应该依托学科和专业的应用教学理念去设计对应的课程体系；二是加强具有应用能力的双师型教师队伍建设；三是要紧密结合地方经济发展情况和产业发展需求，通过与当地企业深化协作建立产学研运行机制，推进教育和应用能力综合教学。

2. 高职院校的转型

高职院校向应用型大学的转型需要从四个角度着手。首先是重视学科体系的构建。高职院校的课程摆脱了普通高校的学科系统化三段式模式课程，即课程体系更注重专业的职业能力体系，实践性更强，也更容易转型为应用型大学，但相对高职院校在学科建设方面而言存在欠缺，即学科理论和学科知识体系不够扎实，因此需要构建完善的学科体系，以便提高应用型学科的底蕴。

其次是高职院校在课程设计方面要注意专本的衔接。高职院校最初多数为专科院校，对学生专业技术能力的培养较为重视，但又因为专科层次的教学模式使其课程体系中缺乏学科基础知识的内容，也缺少对应的职业能力的内容，所以在转型过程中需要注意完善课程体系，要根据院校的学科特性补充对应的内容，并加强学生技术研发能力和分析解决问题能力的培养。

再次是加强师资队伍建设。高职院校的师资力量和达到应用型大学要求的师资条件还有一定差距，尤其在教师的科研能力和学术水平方面。这需要高职院校通过对校内教师的培训、引进外援等手段来提高教师队伍的综合能力，还可以充分挖掘自身与社会企业的紧密合作关系，聘请来自企业且具备实践能力的兼职教师，进一步提升高职院校的实践教学能力。

最后是突出产学合作教育。高职院校向应用型大学的转型并不欠缺培养应用型人才的实力和底蕴，但应用型大学并非仅仅培养人才，还需要通过应用型理论研究和创新将科研成果转化为能够形成生产力的产品，这样才能够有效推动地区经济的快速发展，甚至逐步形成地区的核心产业。高职院校向应用型大学的转型最欠缺的就是对应的应用型理论科研能力，因此高职院校进行产学合作时应该积极参与企业的科技创新和研发项目，鼓励教师和应用型人才开展对应的项目研发，并依托地方支持建立完备的实验室，以便推进研发成果向生产力转化。

二、应用型大学的主要特征和发展战略

（一）应用型大学的主要特征

应用型大学属于高等教育大众化发展过程中应运而生的新型大学，与传统研究型大学有巨大的区别，尤其在办学定位、人才培养目标、人才就业、课程体系、教学方式等方面具有鲜明的特点。

在办学定位方面，应用型大学更加突出应用能力培养。应用型大学的办学定位需要遵循学以致用、应用为本的原则。比如：学校类型需要根据高校自身的发展特性和优势进行定位，同时需要结合所在地方的经济发展状况和特点，这样才能够更科学地设置学科专业，保证能够培养出适应地方经济需求，以及能够适应地方经济发展的应用型人才；教育层次需要以本科层次教育为主体，兼顾高职教育和研究生专业教育，以便为社会提供具备适应基层、一线生产、服务、管理等各方面工作的专业应用型人才。

在人才培养目标方面，应用型大学需要调整为培养拥有极强社会

适应能力，且一专多能的高素质应用型人才，既具备扎实的专业基础理论知识，拥有娴熟的基本专业技能，又拥有专业科研和创新能力。

在人才就业方面，应用型大学培养的应用型人才呈现出人才基层化特征，即高校所培养的应用型人才在就业时会逐步基层化，以便充分发挥人才的实践操作能力和应用创新能力。从就业模式来看，应用型人才会普遍覆盖到生产、一线管理、产品优化创新等基层部门，以便为生产一线服务，全面提升行业和企业的基层力量。

在课程体系方面，应用型大学的教育内容会更加实用化，课程体系更贴近社会和经济发展的需求，且随着生源质量差异化、学科专业多样化，其教学内容和课程设置会更加具有特性，也更加突出个性化培养。教育内容中纯理论性内容会进行缩减，而操作性强的实践性训练的内容会大幅提高；课程设置也会随着学生的多样化、学科的多样化、专业的多样化变得更加多样，一方面能够给予学生更多的选择空间，另一方面能够有效引导学生突出个性，主动学习与兴趣、自身特性匹配的课程内容。这样才能够培养出多样化的应用型人才，以便满足社会和经济发展对人才的多样化需求。

在教学方式方面，因为应用型大学更加侧重培养具备强适应能力的基层应用型人才，其必须具备较强的理论应用能力和实际操作能力，所以需要对教学方式进行不断创新，除传统的课堂讲授之外，还需要融合各种教学方式，如：项目教学、社会实践教学、校企合作参与教学、模拟实验教学、案例教学，可以采用问答式、参与式、探讨式、调研式等手段来提高教学效果和教学质量，全面提高培养人才的动手实践能力。

（二）应用型大学的发展战略

应用型大学的目标是为社会培养发展所需的各种应用型人才。若想得到可持续发展，其必须遵循以下三个发展战略。

首先，坚持应用为本的发展定位，贯彻校企合作的发展战略。应用能力虽然通常体现在技术和技能层面，但并不意味着层次较低。应用型大学坚持以应用为本的发展定位，可以保持纯技术特色，也可以在学术研究的基础上偏向应用和具备应用前景的课题。

应用型大学遵循校企合作的发展策略的根本意义在于通过校企合作和双轨培养的模式彻底改变高校单一化的人才培养模式，并为高校制定人才培养的方案和措施指明方向，包括教学内容选择、学科专业确定、教学方法创新、教学时数分配、毕业评价标准、实践项目课题等所有的教学过程，都不仅仅靠学校进行运作，还需要借助企业平台来纳入社会和经济发展需求，通过企业参与来确定更加明确且实用的培养目标，为社会培养更多匹配的应用型人才。

校企合作最大的优势是高校能够充分挖掘和利用自身的技术创新和科技研发能力，企业平台能够为高校提供科技成果转化、项目实践、产品验证等各方面的服务，在提高高校科研水平的同时得到更前沿的技术创新产品，最终实现两者的共赢。

其次，遵循促进地方经济建设的发展战略。应用型大学通常需要地方政府投资和管理引导，并通过各种政策的颁布予以支持，因此应用型大学自然要满足服务地方经济建设的需求，这是应用型大学存在的基本前提和最基本的价值体现。通过服务地方经济，能够推动高校在运行机制、专业设置、资源利用、管理体制等各个方面实现深化改革，也能够促进高校与社会的联系更加紧密，办学特色更加清晰，所培养的应用型人才更具就业优势。

最后，坚持培养复合应用型人才的发展战略。新的高等教育质量观最大的特点是质量要求的多样化和质量标准的多样化，其质量包括国际的合作和交往，即使在不同的国家、不同的地区、不同的经济发展状况下，也需要构建不同但国际公认的可比较的质量标准。这样的教育质量观更加契合社会的发展模式，既能够保证教育质量评估标准具有公认的核心基准，又能够使其符合不同高校的不同实际情况，从而充分展现出高校的办学特色和人才培养模式特色。

三、应用型本科教育的核心理论与基本特征

多样化的应用型高校教育教学是高等教育大众化发展过程中的主要特征，综合来看各种应用型大学，介于研究型大学和职业型院校间的地方应用型本科高校将成为整个高等教育体系中不可替代的中坚力量，其培养的应用型人才也是最契合社会和经济发展所需的多样化人才。

（一）应用型本科教育的核心理论

应用型本科教育的理论逻辑起点是专业性应用教育，属于建立在普通高等教育基础上的专业性应用型教育体系，其核心理论主要包括以下内容。

首先，具备高等教育的基本性质。高等教育是建立在普通教育基础上的专业性教育，是以培养各种专门人才为目标的教育体系，其专业性教育的特征是高等教育的本质。专门人才的类型多种多样，如：学术研究型专门人才、工程研究型专门人才、技术应用型专门人才、工程应用型专门人才。作为一种专业性教育，高等教育可以拥有各种不同层次的定位，既可以归属为精英学科型专业性教育，又可以归属为大众应用型专业性教育。

随着高等教育大众化的进程不断推进，高等教育的发展必然会形成一定的分支和细化，应用型本科教育就是高等教育体系中非常重要且契合社会需求的一类。

其次，具备高等教育的价值取向。高等教育的基本价值属性是专业性和高深性，即专门知识是高等教育的内在核心，但不同类型的大学的价值取向也会有所差别。学科型和研究型大学的专业教育更加强调知识的基础性、广博性、普适性和非职业性，应用型大学的专业教育则更强调知识的针对性、专门性、实践性和行业性。

相对而言，学科的性质更偏向系统的知识分类体系，其培养的人才更注重专门的科学研究，学科型和研究型大学的发展是以知识的发展、知识的创新为主要目标和价值取向的；专业的性质则更偏向职业分工或行业技能，其培养的人才更注重专业性建设，也就是更注重应用性和实用性，以培养专业性人才为主的应用型大学的发展是以社会需求为导向的，以应用能力为主要目标和价值取向的。这是由不同类型的高等教育内部发展形成的本质特征。

应用型大学的专业建设需要成熟学科和比较完整的学科体系作为支撑，同时更加注重有稳定的职业岗位和行业需求，即专业建设是重点，学科建设是基石，专业性应用教育是具体教学模式。

最后，高等教育的重要组成部分就是专业性应用教育。在人类发展史上，随着社会生产力的不断提高和人类需求的不断增加，社会专业分工开始细化，并伴随着职业的细化而演变。为了培养专门的职业人才，专业性应用教育便随着专业性教育机构的诞生而形成。

随着时代的发展，如今的社会和经济在科学技术等各种新兴产业的支持下快速发展，高等教育体系也开始重视专门性应用教育，最终使应用型本科教育与普通高等教育体系中的研究型大学共同构成了高等教育体系的两大支柱。

（二）应用型本科教育的基本特征

应用型本科教育的根本属性是专业性应用教育，通常需要结合学科和行业来设置专业，培养的人才主要供应给社会一线，补充的是行业生产一线的应用型高级专门人才。其最基本的特征主要表现在五个层面，具体如图 2-1 所示。

图 2-1　应用型本科教育的五大基本特征

其一，以行业性为主导的特征。应用型本科教育的服务方向具有行业指向性特征，这也是其形成办学特色的主要途径，通常应用型本科院校多数拥有行业办学的优势，在和地方进行紧密合作过程中，办学的地区特征和地方适应性会得到适当加强，结合上述多项特征和优势，应用型本科教育就能够在更加合理的区域行业背景下，强调专业布局，挖掘行业特征，适应行业需求，服务行业功能，建立其行业指向性极为明显的需求驱动性的发展模式。

其二，以专业性为主线的特征。应用型本科教育本质是本科层次的专业性应用教育，这是应用型本科教育的根本属性，其强调的是专业定向和行业走向紧密联系，侧重以与应用领域相适应的各种专业能力为主线进行人才培养，不仅在专业设置方面注重行业性属性，还更加突出专业教育的针对性和实践性，需要培养的是能够将各种应用领域内的原理应用于生产实践、技术开发、工程管理的应用型人才。在专业教育方面，应用型本科教育一方面要注重专业结构优化，需要在保护基础学科专业前提下进行应用方面的改造，以便为地方经济发展和产业升级、支柱产业发展提供重要的人才支撑和技术支撑；另一方面要注重夯实基础，需要按照培养基础扎实、知识面宽广、实践能力强、综合素质高的高级专门人才的教育部总体要求，构建特色人才培养方案，推进整个应用型本科教育体系的教学改革。

其三，以应用型为主体的特征。应用型本科教育的主体是地方本科院校，这也是高等教育大众化过程中必然的发展模式，地方本科院校的多样化特性恰好能够满足高等教育大众化过程中的多样化发展路径。应用型本科教育需要从教育类型和教育性质进行内在属性界定，其主要依托人才类型的内在属性和价值取向，将应用型教育作为主导性价值取向，涵盖了多种教育类型，如：学术应用型、工程应用型、技术应用型，其具体分类主要与人才性质有所差异，但培养的人才均归属为应用型人才，因此应用型本科教育的教育类型拥有以专业性为导向、以应用型为主体的特征。

其四，以教学型为主流。这是应用型本科教育的教育层次特征。中国高等教育的层次结构可分为四类，分别是研究型、研究教学型、教学研究型、教学型。前两个层次是以研究生教育为主体，以本科教育为辅，侧重基础研究和理论学术创新；后两个层次则是以本科教育为主，以研究生教育为辅，侧重应用性研究、科技服务。

随着中国社会和经济的快速发展，基于社会对人才的需求变化，高等教育的层次结构开始出现细化和多样化分类，教学研究型和教学型教育更适宜承担培养专业应用型高级专门人才并服务区域经济发展的职责，因此应用型本科教育的层次应以教学型为主流，将培养社会和经济发展需求的专业应用型高级专门人才作为办学追求和核心价值，探索高等教育大众化发展的新范式。

其五，以实践性为主载。应用型本科教育和研究型大学形成错位发展的关键就在于其传承和加强了原本的实践性教学特征，实现了优化实践教学体系，形成了以实践性教学为主导的教育模式，才能够培养出社会和经济发展所需的高质量应用型人才。应用型本科教育的实践性特征贯穿了教育的全过程，其人才培养体系中所包括的实践教学、理论教学、素质拓展教学三大体系虽然各有侧重和具备不同的功能，但本质核心一直是培养基础扎实且学以致用的专业性应用型人才。要提高和培养高素质应用型人才，就需要强化实践教学的比重，从实验课教学、实习与实训教学、社会实践项目、毕业设计项目等各个环节着手，通过系统化且严格化的实践训练，加强学生与社会实践、岗位工作的衔接性，这样才能够有效提高学生的技术创新能力、开发设计能力、专业应用能力、动手操作能力和综合职业素养，最终培养出具备核心竞争力的人才。

第二节　应用型高校人才培养模式的构建

应用型人才培养模式作为一个教育理念在中国提出的时间并不太长，在各方努力之下应用型高校教育教学模式的构建取得了较为明显的进步，但应用型本科人才培养模式的构建依旧存在一定不足，包括对应用型人才的认识较为模糊、教学措施尚不到位。要构建较为完善的应用型高校教育教学人才培养模式，就需要在不足的基础上明确方向和目标，对整个培养模式进行完善和优化。

一、应用型高校人才培养模式的不足

应用型高校教育教学在人才培养模式构建方面的不足主要体现在四个方面——理念、目标、课程、手段。

（一）教育思想和教育理念

以高校教育教学改革为例，虽然高校都在制定契合自身发展和社会需求的应用型人才培养模式，但高校的评估指标体系多数依旧采用的是原本学术型高校的标准，这就造成教学质量和教学成果评估体系不够完善，无法形成针对应用型人才培养模式的评估标准，分类指导性严重不足，从而难以对应用型人才培养模式的教学质量进行科学评价。

这主要是因为高校在教育思想和教育理念方面并未真正认识到应用型人才的重要性，只有从思想根源和理念方面转变，认清社会和经济发展与应用型人才的密切关系，以及展望社会和经济的未来发展趋势，才能够从思想和理念角度对应用型人才产生足够重视，从而落实人才培养模式改革和完善的各个环节。

（二）培养目标和培养规格

应用型人才的概念属于应用技术人才、学术创新人才和高职高专人才这三种培养规格的两两叠加，即应用型人才可以是应用技术人才和学术创新人才的综合体，也可以是学术创新人才和高职高专人才的结合体，还可以是应用技术人才和高职高专人才的结合体，属于一种高素质应用型人才范畴。

高校在明确应用型人才培养模式的培养目标和培养规格时，需要先对应用型人才的概念进行深入理解和分析，针对高校自身的发展特征和资源优势，确立对应的培养目标和培养规格。如果本科院校培养应用型人才的规格是宽口径和厚基础的应用型人才，但对培养目标和培养规格的理解不够深入，那么其就无法从上述培养规格中寻找到恰当的切入点和平衡点，难以构建科学的应用型人才培养模式。

（三）课程设置和实践教学

随着社会经济快速发展，现代化科学技术层出不穷，不断更新迭代的新兴技术和飞速发展的社会和经济都在向高校提出越来越高的应用型人才要求。然而，在应用型人才培养模式构建过程中，高校的课程体系与社会的发展需求极不适应。

在课程设置方面，普遍存在高校的基础理论课程、通识课程、专业基础课程之间的比例不科学、不合理，其中应用型课程过少，且作为知识载体的各类教材的内容和建设也需要更新和提升。尤其是应用型课程的教学内容与研究型高校的教学内容极为雷同，并未将应用型人才培养的特色体现，仅强调了学科体系的系统性和完整性，未挖掘出应用性，导致课程内容、教学内容与实际脱钩。

在实践教学方面，不足之处主要包括教学设备较为陈旧，并未及时更新；教学内容无法达到相关教学需求。另外，在实践教学过程中，验证性的实验较多，设计性试验和综合性实验较少，且虚拟性课题较多，联系实际的课题较少，从而导致实践课题、实践教学、实践训练等教育环节和社会需求产生了脱节，也造成了学生的技术创新能力和有效实践能力都相对不强，无法形成更强的应用技能。

（四）具体的教学方法

在具体的教学方法方面，多数高校在实施应用型人才培养模式时依旧沿用传统的教学方法，方法过于单一且不够灵活，造成教学效果无法达到应用型人才培养的要求，在其他形式的教学方法方面运用程度也不够，并未形成独具特色、依托高校特点和人才培养需求的多样化教学方法体系。在实施素质教育过程中，这些高校多依赖人文素质课程，并未将素质教育和专业教育进行有效融合，从而造成素质教育效果不够。

二、构建应用型人才培养模式的渠道

应用型人才的培养是一个系统性的复杂工程，涉及政府、高校、企业、社会各个参与主体，因此构建应用型人才培养模式是上述主体的共同责任，最终需要通过各方主体的共同努力，构建出以建立现代大学制度为保证、以产学研合作培养为核心、以良好政策环境为基础的应用型人才培养模式。具体需要从以下几个角度着手构建。

（一）以良好政策环境为基础，建立现代大学制度

现代大学制度指的是以学校法人制度为核心，通过完善管理制度、开放制度和参与制度形成大学法人治理结构，最终建立起包括教师与学生、大学与地区、企业与社会等相关利益相关人员的共同利益结构，促进教师、学生、高校、地区和社会的共同发展。

这一切都需要以良好的政策环境为基础。国家发展战略中提到的现代社会发展的本质与核心：坚持以人为本的科学发展观，即注重人的素质改善、素质提高、生存条件的完善、生活质量的提高，最终通过提高人的物质生活质量标准和精神生活质量标准，推动人的全面发展。

将此科学发展观运用于高等教育事业就是要着眼提高受教育者的知识、能力、素质，促使受教育者全面发展和可持续发展。应用型高

校教育教学人才培养模式并非狭义范畴的专业技术教育，而是要以培养全面发展和可持续发展的人才为核心，在知识结构方面要不断拓宽基础理论知识口径，提高受教育者的社会适应能力和发展速度；在素质教育和人格塑造方面，要贯穿科学精神教育和人文素质教育，推动受教育者能够学会做人、学会做事、学会学习，最终成为可以为社会发展和经济发展贡献重要力量的人才。

高校需要积极树立科学合理的办学理念，保证接受高等教育的人才能够根据自身需求、社会需求、个体兴趣和发展特征做出不同的教育选择，从而促使社会人才结构更加科学合理，既有想获取高深知识和学问而进入精英教育的人才，又有为了获得高深技能和应用技术而进入服务产业和行业的应用型人才。

高校需要积极改变办学理念和服务方向，以教学来服务就业需求和社会需求，通过就业来推动自身发展，并关注科技进步和创新知识转化，以便满足多样化的社会需求。

（二）根据社会的多样化需求构建多样化人才培养模式

社会所需的人才主要有两类，一类是研究型人才，另一类是应用型人才。其中，应用型人才分为多种类型，且社会对应用型人才的需求量非常巨大。在这样的背景下，高校构建应用型人才培养模式就不能再运用原来的标准和模式，而是需要建立更加多样化的人才质量标准和人才培养模式。

高校可以根据自身的特性和学校类型，创新应用型人才培养模式的类型，调整单一化的人才培养模式，同时兼顾人才培养的各个层次的要求，将培养目标、课程体系进行细化。

比如：课程体系可以分为普通教育课程、专业核心课程、专业方向课程等三大部分。普通教育课程要在符合人才培养要求的基础上更新教学内容和教学方法，拓展基础理论的应用部分，培养学生独立分析、解决问题、团队协作等方面的能力，为学生的未来发展奠定扎实的基础。

专业核心课程主要强调专业基础性和不同层次的规格要求，以拓宽学生专业面为目标，提高学生对行业、岗位的适应性。

专业方向课程则需要突破原有的学科方向来划分课程模块，应该结合市场需求、社会发展需求、经济发展方向，以及地方就业和产业结构，进行专业化设置，同时需要增加实践课程比例和应用课程比例，不断强化学生的动手能力和实操能力，在实践过程中培养学生的职业素养。

在整个培养方案中，需要实施课程学分标准化、课程体系模块化，但同时教学方法和教学手段，甚至包括教学内容都应该保持人才培养的灵活性，要切实做到教学内容与社会实践、现实需求息息相关，教学过程中务必保证教学质量，为学生搭建可塑性强、未来可持续发展的知识框架和知识结构，同时通过新颖和创新教学方法及手段引导学生形成创新意识，挖掘学生的技术创新能力。

（三）深化推动以学生为主体的人才培养模式创新

应用型人才培养模式培养的是满足社会和经济发展多样化需求的多样化应用型人才，这种多样化需求就要求在构建人才培养模式过程中必须以学生为主体，倡导因材施教，充分发掘学生的个性特征和优势。这需要从三个角度进行人才培养模式创新。

1. 教学方法创新

教学方法创新可以从三个角度着手。

首先，高校需要根据学生的特点研究教学方法，通过融合现代化教学模式、教学手段、教学技术，扬长补短来激发学生的主体意识，通过学生的自主学习能力培养促成学生成才，一定要改变原有的以系统知识传授为核心的教学方法，避免形成毫无个性可言的教学结果。

创新教学方法可以不断融合、吸收先进教学方式，如：案例教学法、实地考察法、模拟训练法，创新教学互动形式来提高学生的参与度和兴趣度，如：推广参与式、启发式、讨论式、比赛式教学，最终形成以探索为本、以多样化形式为特征的灵活教学方法。

其次，需要建构有机融合第一课堂和第二课堂的教学模式，将第二课堂纳入学分制管理体系，以推动学生和教师都能够重视第二课堂，通过第二课堂来激发学生的学习兴趣、参与兴趣，并以第二课堂的实践性活动为依托，将创新教育导入第一课堂进行教学，实现两者融合后的全面教学。

最后，需要有效提高学生个体的特性和主体意识，推行全面选课制模式的选课手段，给予学生更多自由选择的空间，引导学生能够从自身着手进行个性化突出发展。学生可以进行自我设计、自我规划，通过选择而不同的专业方向、不同的课程层次，根据自身的学习进度来实现个性选课。在此过程中，教师需要引导学生完善自身的知识结构，如推动学生根据自身特性实现知识结构的文理渗透、理工结合、学科交叉、复合跨专业，最终培养出能力出众的应用型人才。

2. 实践能力培养

应用型人才培养模式极为重视学生实践动手能力的培养，因此高校不仅需要和社会企业进行深入合作，创建大量校外产学研基地，还需要根据学科专业的特点，在校内建设一批集人才培养、社会服务、教师提升、充分实践的综合性实践基地。

通过稳定的校外产学研基地的建设可以充分挖掘校外实训平台的作用，运用各种实训形式推动人才和企业、教师和企业、高校和企业的深入联系和合作，如可以采用顶岗实习的形式，发挥出高校的人才和科技优势，为企业解决技术和培训方面的实际问题。

企业可以为高校、学生、教师提供最新的社会和经济市场的信息，从而有效提高市场和高校的联系，推动高校的教育教学改革。通过校外实训平台可以实现高校和企业的双赢，同时能够有效促进应用型人才培养模式的完善。在此过程中，高校和企业可以建立一支专兼结合、精干高效的师资队伍，对高校和企业共同关心的问题进行交流沟通，促成两者实现长效合作机制。

通过校内综合性实践基地的建立进一步推动教师带领学生参与到与社会实际科研开发、社会服务相关的各种实践活动之中，一方面提高教师自身的科研开发能力和实际应用能力，另一方面能够为学生提供动手能力的第二课堂平台，促使学生通过实践基地的实训活动完成理论转化为实践的过渡。

依托校内实践基地，教师可以在各个教学环节中增加实践活动和应用活动的内容，有效强化学生的实践动手能力和岗位适应能力，促使学生对专业知识和实际情况的结合，推动学生职业素质的形成和发展。

应用型人才培养模式下，产学研合作是极为关键的教学平台，高校需要树立为地方社会和经济发展服务的理念，在运用产学研教学平台时要与地方发展和需求紧密结合，可以通过高校与合作企业的深化协作，在深化研究、双师型教师聘用、共建项目实验室等方面开展全方位的合作；实践活动和实习活动则可以采用分散式和集中式结合、研究项目与工作岗位结合，以形成学生、企业、教师、岗位融合的教育体系。通过这种教育实践体系可以实现人才培养与科研项目、产品需求、市场发展相契合的循环教学形式。

3. 彰显高校个性风采

不同的高校都具有自己独到的特色，因此在构建应用型人才培养模式过程中需要将自身的特色融入其中，彰显高校的个性风采。通常，高校的办学特色具体体现在办学主张、办学理念、办学模式、专业特色、课程特色、教学特色、科研特色等各个方面。

应用型人才的培养需要不拘一格，因此不同高校需要形成各自不同的人才培养模式，通过贯彻高校自身独特的办学思路和办学特色，结合地区经济发展特性、行业发展趋势、企业发展模式、市场发展需求，灵活设置专业和方向，如此才能形成百花齐放的人才培养模式，培养出满足不同社会需求的应用型人才。

在构建应用型人才培养模式时，高校需要以社会和经济发展需求为导向，以自身学科特性、师资条件、设施基础、学生层次等为依托，在优势学科基础上进行合理定位、有效分工、多样发展、突出个性，最终将办学特色和教学质量体现在培养出的人才身上，从而以特色办学和人才培养模式谋求生存和发展，在促进高校教育教学发展的同时，满足社会和经济发展对人才的需求。

（四）注重双师型师资队伍的建设

高校构建应用型人才培养模式必然需要与之匹配的师资队伍，因此强化教师实践背景和实践能力，逐步培养教师形成双师型素质，就成了高校教学改革中的重中之重。

具体而言，高校可以建立多样化的双师型教师培养机制，通过人才引进来完善双师型师资队伍；通过人才培养体系对已有教师进行针对性培养和提高，形成师资队伍长效补充机制；通过人才激励推动教师向双师型人才快速转化；通过人才评估体系对双师型师资队伍进行评价和筛选，强化师资队伍的质量，等等。

第三章　应用型人才培养导向下的高校课程体系构建

第一节　应用型人才培养导向下
专业共同体的建设

高校的应用型人才培养目标，以及依托政策和高校参与所开发的应用型课程，最终都需要通过课程实施予以实现。综合而言，课程实施是高校教师和学生共同参与的有计划且有目的的教学活动，整个课程实施过程中涉及两个主体，一个是教师，主要负责的是知识和应用能力的传授，另一个是学生，主要依托个体积极主动的心理构建来获取对应的知识和技能。

从课程实施的过程可以看到，教师不可能通过课程实施将知识、技能完整且有效地直接传输给学生，此过程的重心是学生的自主学习，只有通过学生主动接受、乐于思考，才能够逐渐构建起属于自己的知识结构，也才能够最终培养出体现个体特性的应用和实践能力。随着学习理论的不断发展和完善，以学习共同体为基础的合作式学习及探究式学习开始在中小学教育阶段得到广泛应用，高等教育是建立在普通教育基础之上的专业教育，因此可以通过构建专业学习共同体的手段来推动应用型课程的有效实施。

一、应用型高校专业学习共同体的基本要素和类型

专业学习共同体指的是以自愿为前提，以分享经验、分享技术、

分享资源、分享价值观、深入合作为核心诉求，以共同提高和学习的愿景为纽带，将多个学习者缔结在一起进行共同学习和相互交流的学习组织。

（一）专业学习共同体的基本要素

专业学习共同体的描述和介绍是在 1997 年由美国西南教育发展中心（简称 SEDL）首次提出，即专业学习共同体是由共同理念的管理者与教师构成的团队，学习共同体的参与者致力促进学生的学习且进行合作性和持续性的学习。自提出以来，专业学习共同体也被认为是促进教职工快速发展的有效途径，成了高校进行教育改革与改善教学质量的有效策略。

专业学习共同体被提出后不久，SEDL 就与阿帕拉契教育中心合作设计了一份问卷，并最终将专业学习共同体划分为 5 个基本要素，也被称为 5 个主要维度，具体如图 3-1 所示。

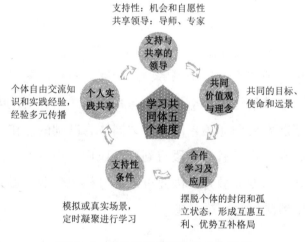

图 3-1　专业学习共同体的 5 个维度

专业学习共同体被提出后，不同学者对专业学习共同体的构成要素的认知也有所不同，除了 SEDL 划分的 5 个维度外，还有很多不同的界定。比如：专业学习共同体需具备 4 个组成部分，包括集体控制、协调的力量、共享的目的和协作的专业学习；可以由协作、协作式活动、结构性条件以及人文和社会资源、共享的目的、共享的常规和价值、对学生学习的集体焦点、反思性对话与去私有化实践等部分组成。但随着研究的不断深入，对专业学习共同体的构成要素的理解也不再采用孤立和断裂的思维，而是采用通过不同构成要素的相互关系产生相互影响来认识。

综合而言，应用型高校所构建的专业学习共同体，其构成要素完全可以由 SEDL 所提出的 5 个维度来概括。

1. 支持性与共享的领导

在支持性与共享的领导中，支持性指的是高校需要给予专业学习共同体形成和构建的机会，之后基于自愿性原则形成活动度极高的学习组织；共享的领导指的是以提升学习应用能力为指向的学习组织中，需要具备能够给予学生指导和引导的核心领导，通常由代表理论智慧的导师和代表实践智慧的专家组成，能够分别为学生的理论知识及应用实践提供指引。

2. 共同价值观与理念

共同价值观与理念就是专业学习共同体中所有个体的共同愿景，其核心是彼此共同的目标和使命感，不同个体都是为了同一个目标汇集，即为了促进所有参与者的专业成长，提高所有参与者应用能力，促使理论与实践紧密结合，最终培养出满足社会和经济发展需求的高素质应用型人才。

3. 合作学习及应用

合作学习及应用指的是通过专业学习共同体的共同参与，依托协作学习模式帮助个体摆脱原本的封闭学习和孤立学习状态，从而充分发挥参与者的合作精神和相互配合能力。这既可以有效锻炼参与者的团队协作能力，又能够形成互惠互利、优势互补的学习格局，全面促进学生的能力提升。

4. 支持性条件

支持性条件指的是能够为专业学习共同体提供场地、时间的物理性因素和结构性因素，其决定了专业学习共同体可以在何时、何地、以何种形式、是否定期汇集，然后围绕专业和学科进行知识、技能的学习探讨和研究。

通常，支持性条件包括各类工作环境实习基地或实训基地、实验室、研究所等，以便为专业学习共同体的参与者提供对应的场地和空间，促使参与者能够经常性地围绕探讨项目进行学习和讨论，并组织和进行各种对应的实践活动或实验活动。

5. 个人实践共享

若实现专业学习共同体的个人实践共享，前提条件就是彼此之间相互信任，所以需要在专业学习共同体创造平等民主的学习氛围，彼此之间真正互帮互助，这样参与者之间就能够通过各种活动自由分享和交流各种知识与实践经验，从而形成个人实践经验的多元分享与传播，以及多元学习模式，促使参与者能够共同学习、共同提升，最终产生优势互补、取长补短的全面提升结果。

（二）应用型高校专业学习共同体的类型

专业学习共同体通常由学习者和助学者组成，其中学习者主要是各专业各学科不同学习阶段或不同学习层次的学生，助学者则主要有两类，一类是各个应用型高校的教师，另一类则是校外的助学者，包括为专业学习共同体提供各种支持的人员，如企业专家或企业专业技术人员、从高校走出的校友、学生的家长，等等。

不同的学习者和不同的助学者具有一定的差异性。根据专业学习共同体参与者的差异性，其可以分为两种类型，一种是由校内成员组成的专业学习共同体，另一种是由校内和校外成员组成的专业学习共同体。具体的类型如图 3-2 所示。

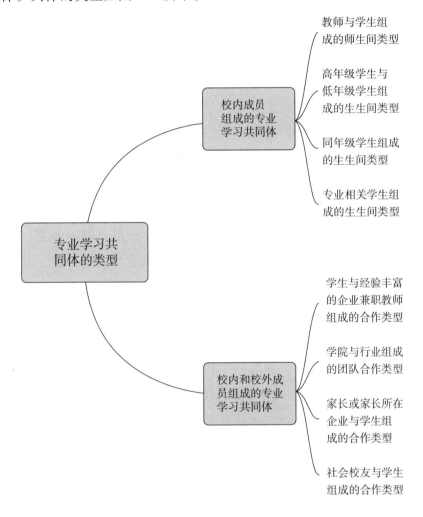

图 3-2　应用型高校专业学习共同体的主要类型

1. 校内成员组成的专业学习共同体

由校内成员组成的专业学习共同体相对而言更容易构建，其可以分为由教师和学生组成的师生间类型，以及由学生和学生组成的生生间类型两种。

师生间类型最为常见，通常是由高校的教师和本校的学生共同参与组建，以教师为引导，类似教师课堂教学的课外延伸，具有更强的自由度和活动性，因此对人才的培养效果极为明显。但前提是教师需要具备对应的实践应用能力，能够对学生的应用能力和技能培养进行指导。

生生间类型最大的特点就是参与者主要是不同的学生，年龄相当且思维活跃，彼此沟通交流更加顺畅自由，因此创造的学习氛围更加轻松，但相对而言专业能力和应用实践能力较差，缺乏较专业人员的重点引导。

生生间类型可以根据不同的学生参与主体形成不同的分支，如由高校中同专业和同学科的高年级学生和低年级学生共同组建，高年级学生能够在共同体学习过程中提高自身对理论知识的梳理，并能够通过共同体实践活动的推进锻炼自身的实践技能和应用能力；低年级学生则可以在学长的引导下形成更加契合自身的学习方法。

比如：由高校中同专业和同学科的同级学生共同组建，彼此形成互动团队，共同进行学习中遭遇问题的探讨和研究，此类共同体需要注重不同个性学生的搭配，形成优势互补、取长补短的学习模式，能够充分挖掘出不同学生个体的特点和优势，并逐步弥补缺陷，起到完善自身的作用。

又如：由高校中不同专业和学科的同级学生共同组建，通常不同专业和学科之间会有较为紧密的关系和连接，彼此之间会形成一个更加广阔的专业范围，所以相互间也能够彼此促进，提高学习效率和效果。

2. 校内和校外成员组成的专业学习共同体

对比校内成员组成的专业学习共同体，由校外成员和校内成员共同参与的专业学习共同体构建更加困难，毕竟多数企业是以追求经济效益和生产效率为目标，而高校是以培养应用型人才为目标，两者不太容易形成彼此资源共享的前提。这就需要寻找到校外成员和校内成员的共同目标和共同愿景，并以此为纽带，促进彼此的合作。

（1）业与高校的合作。通常，企业和高校形成专业学习共同体的最佳纽带就是社会责任，即企业通过更好地履行社会责任来打造单位的社会形象，从而引发连带效果，推动企业绩效的提高；高校通过培养更高质量的应用型人才来提高知名度和专业度，为社会和经济的发展提供更优质的建设人才。

比如：高校可以和企业深入合作，在企业内部建立实习基地，或者聘请企业内部的具有丰富实践经验的专业人员为兼职教师来为学生指点迷津，这样就可以形成企业人士和学生（或加入校内教师）的专业学习共同体。

又如：高校可以通过学院和行业的紧密联系形成学院和行业企业的长期合作，通过聘请广大行业企业中的专业实践人员作为兼职教师，为学生进行对应实践类的教学指导，从而形成行业和学院的专业学习共同体。

（2）高校与其他校外关系的合作。相对而言，中国企业履行社会责任的意识和行动力需进一步加强，因此仅仅依靠企业的社会责任感来组建校外和校内合作的专业学习共同体尚无法满足中国广大应用型高校的需求，所以可以寻找其他校外关系形成合作关系，构建校外和校内的专业学习共同体。

一般从两个角度着手：一是挖掘高校学生所涉及的利益群体——家长的潜力。通常，家长是最为关心学生能力培养的群体，因此也是专业学习共同体最容易吸纳的成员。比如：组建家长委员会，并邀请家长群体参与到学生的学习过程中，通过听取家长的诉求和对教学的意见，来提高高校的教学管理能力；邀请家长的社交圈中和学生专业设置、人才需求等方面信息关系密切的人员分享此方面的信息和知识，从而推动高校与社会的紧密结合度；通过家长群体挖掘其所在单位的合作潜力，构建对应专业需求的教学实习基地和产学研合作基地，最终形成家长、教师、学生构建的专业学习共同体。

二是高校培养的已经步入社会的校友人才。通常，校友会对母校充满情感，因此高校可以发挥此纽带的力量，构建校友参与的专业学习共同体。校友是高校培养人才过程的直接参与者，在社会和工作岗位发展过程中，其会感同身受并极为敏锐地发现高校的人才培养模式中存在的问题和缺陷，因此发动校友和学生组成专业学习共同体能够促使校友及时反馈各种信息，推动高校在人才培养模式方面不断优化和完善，从而有效提高应用型人才的培养效率和质量。

二、构建应用型高校专业学习共同体的路径

应用型高校专业学习共同体的构建需要具有较强的操作特性和执行特性。这就要求充分运用各种平台来推动专业学习共同体的实现。一般而言，专业学习共同体的构建可以依托三类平台进行操作，具体平台如图 3-3 所示。

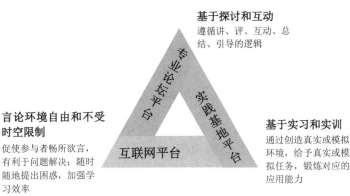

基于探讨和互动
遵循讲、评、互动、总
结、引导的逻辑

专业讨论平台

实践基地平台

互联网平台

言论环境自由和不受
时空限制
促使参与者畅所欲言，
有利于问题解决；随时
随地提出困惑，加强学
习效率

基于实习和实训
通过创造真实或模
拟环境，给予真实或模
拟任务，锻炼对应的
应用能力

图 3-3 建构专业学习共同体的平台路径

（一）基于专业讨论平台构建专业学习共同体

专业讨论平台可以是论坛、贴吧、研讨群，最大的特征是能够为专业学习共同体参与成员提供一个进行共同话题讨论的平台，各成员可以将共同关心的理论问题、实践问题、操作问题、应用问题、技术问题放在平台进行探讨。

探讨活动可以遵循一定的逻辑流程，先进行成员讲述，即针对问题发表各自的理解和意见，再进行话题观点讨论和点评，充分挖掘成员讲述的意见中最具潜力的内容，通常讨论和点评需要从优势和劣势两个角度进行，后需要成员之间形成互动，即根据优劣势分析，共同将优势最大化，或将手段进行优化和完善，甚至可以通过彼此的互动进行手段的验证，最后则需要将手段提交给专业学习共同体的教师和专家等智慧核心，进行理论的总结和实践的引导，促使学生能够快速完善自身知识结构的，同时提高实践能力。

还可以借助讨论平台采用先确定主题，再进行辩论，之后彼此互动，最后智慧引领的模式，即先确定专业学习共同体都关心和期望解决的问题或主题，然后通过讨论平台进行辩论，可以将共同体参与者分为对立观点的两方，之后针对同一问题或主题进行辩论，辩论的过程中会极大刺激和拓展参与者的大脑思考能力，从而形成观点的碰撞和激发，最终产生脑暴效果。之后可通过互动的形式来确定最终得出的优势观点的效果，最后交由教师和专家进行引领。

总之，基于专业讨论平台建构的专业学习共同体需要从实际需求出发来确定主题，在解决问题和探讨主题的过程中，可以采用多样化的探讨形式，如：辩论式、讨论式、专题发言式、个案分析式、互动效果点评式、调研汇报式、经验总结式、专题报告式，来实现对问题和主题的解决，促使参与者能够深度思考、交流和共享经验，最终推动所有参与者快速提高各方面能力。

（二）基于实践基地平台构建专业学习共同体

实践基地平台的目的是承载学生的实习和实训的基地平台，实习主要是通过真实工作环境和工作任务促进学生对所学的理论和知识进行梳理，将理论和知识转化为技能并应用于实践。

实训则主要是通过创造或模仿一个从业者真实活动的工作环境，或者借助各种科技手段来模拟真实环境，如：采用仿真环境、虚拟环境、信息技术设计逼真环境，来提高学生学习过程中的真实性，推动学生在模拟现实的环境中运用知识和技能提高自身的应用能力，促使所学理论和知识向真实情境进行能力转化。

实践基地平台能够为实习和实训提供一个模拟真实的环境，同时给予学习共同体一个真实或模拟的任务，通过模拟的环境推动学生共同努力完成该任务，并通过和模拟环境的长期互动和共存促使学生的知识运用和转化、技能应用和提高都发生在较为真实的背景之中，有效形成和掌握各种应用能力。

（三）基于互联网平台构建专业学习共同体

互联网平台具有两个主要特点：一是言论环境自由，即参与者可以在互联网平台畅所欲言，大胆表达自身的观点、看法、意见和建议，所以能够有效促进各种观点的交锋和碰撞；二是网络交流不会受到时空限制，即任何进入互联网平台参与交流的主体并不会受到地域限制，也不会受到时间限制，可以在网络保持畅通的情况下随时随地提出自身的问题、发表自身的观点。

在互联网平台基础上建构专业学习共同体能够有效促进学生及时且顺利地解决自己在学习过程中遭遇到的各种问题，包括理论困惑、知识理解偏差、实践难题、操作和动手障碍，还便于学生运用互联网平台随时随地和其他参与者进行沟通交流，对问题进行有针对性的探讨和解决，快速提升自身能力。

同时，应用型高校可以充分利用互联网平台，针对专业学习共同体的交流和沟通，有针对性地请教师、专家进行答疑解惑，如依托互联网平台举行在线答疑会议，引导专业学习共同体积极参与，从而保证学生在学习过程中遭遇的问题能够及时被解决，有效提高学生的学习效率。

第二节　应用型高校教育评价体系建设

随着高等教育从精英阶段向大众化阶段乃至普及化阶段转型，整个高等教育所处的宏观环境开始发生剧烈变化，这种核心环境的变化使应用型高校的教育培养目标、教育培养规格、课程评价手段和方法都开始出现变化。

一、明确应用型本科教育培养规格

自主创新能力的不足和技术领域人才短缺、技术制约已经成为限制中国经济发展的主要问题，同时为中国应用型本科教育培养的规格提出了挑战和更高的要求。《中华人民共和国高等教育法》中关于本科教育培养目标的制定做出了明确的规定：本科教育应当使学生比较系统地掌握本学科、专业必需的基础理论、基本知识，掌握本专业必要的基本技能、方法和相关知识，具有从事本专业实际工作和研究工作的初步能力，再结合各专业的具体情况和对培养目标的分解加以阐述。[①]

虽然从国家法律法规层面对本科教育的培养目标进行了明确规定，但其中运用了类似"初步""比较"等限定较为模糊的语言，这就造成该规定无法形成较为清晰明确的课程评价体系。基于此，我们必须明确应用型本科教育的人才培养规格。

（一）应用型本科教育人才培养规格途径分析

高等教育的大众化、普及化发展会推动高等教育向多样化、多类型、多层次方向发展，但作为高等教育的其中一个关键和重要环节，本科教育在人才培养规格方面依旧具有一定的统一性和规范性，在这样的背景下，很多发达国家一直在寻求不同类型的应用型本科教育的人才培养规格的共性标准，这里以英国、欧洲学术界、日本 3 个体系为例进行分析。

---

① 全国人大常委会办公厅.中华人民共和国高等教育法 [M].北京：中国民主法制出版社，2008：1-3.

1. 英国应用型本科教育的人才培养规格

1995 年，英国高等教育毛入学率达到 48.3%，意味着英国已经进入高等教育后大众化阶段，且马上进入高等教育普及化阶段。在这样的背景下，1996 年英国政府的咨询机构——高等教育调查委员会在报告中明确提出了英国本科教育大学毕业生需要达到三个方面的具体要求，即明确了英国应用型本科教育的人才培养规格。

（1）关键技能。关键技能包括交际能力、计算能力、运用信息技术的能力、掌握学习方法，等等。

（2）认知技能。认知技能包括理解方法论的能力、批判的分析能力，等等。

（3）专业技能。专业技能包括实验技能、不同学科的专业能力，等等。

2. 欧洲高等教育区对学士学位的学术资格进行的明确规定

2005 年，欧洲高等教育区针对本科教育毕业生的学士学位进行了学术资格规定，在一定程度上对学士学位的人才应该具备的能力体系进行了综合界定，主要包括以下 5 个方面的内容。

（1）需具备普通中等教育之上的某一领域的知识能力和智力能力。通俗来说，即需要具备一个专业领域内的相关专业知识，同时需要匹配对应的掌握这些知识的智力水平。较典型的案例就是需要学生能够掌握其所在专业领域的高级教科书中的前沿知识。

（2）需具备专业的方法和手段，能够将掌握的专业领域内的专业知识应用于工作和职业中，且具备发现问题和解决问题的能力。较典型的表现就是学生能够在学习的专业领域内拥有自身的独立思维，可以据理力争并形成自身的知识结构，同时能够在工作和职业中发现问题并通过分析解决问题。

（3）需具备收集专业相关领域的信息和数据，并根据自身认知和知识结构对数据进行解释和分析，最终做出对社会发展、经济发展、科学发展以及伦理问题的正确判断和见解。

（4）需要具备较强的交流沟通能力，能够和所学专业领域的专家或非专业的听众进行流畅的信息交流，彼此进行思想的碰撞，在产生问题和思想分歧后可以通过沟通交流将其解决，或寻找到对应的解决方法。

（5）需要具备向专业领域继续深造发展的学习技能，即需要拥有契合自身职业和专业发展的学习能力，能够高度自主持续进行学习，不断进修提升自身的专业能力。

3. 日本应用型本科教育的人才培养规格

20世纪末期，日本高等教育毛入学率已经达到后大众化阶段，2007年日本为了保证本科教育质量和所培养学士学位人才的质量，提出了"学士力"的概念，并为所有本科课程需要达到的最低学习成果提供了政策参考，制定了学生在本科教育毕业前必须达到的基本要求。

学士力指的是所有本科专业的学生在毕业之前必须具备的各方面能力，其主要包括以下4个方面的内容。

（1）知识和理解能力。知识和理解能力主要包括对多元文化和非本土文化的各种知识的理解，对人类文化、社会知识、自然知识的理解，等等。

（2）各种应用能力。各种应用能力主要包括以下5种能力：

一是计算能力，需要对自然现象、社会现象、群体现象，运用符号或象征元素进行分析、理解和表现，即通过计算能力发现问题、分析问题、解决问题。

二是交际能力，需要运用日语或其他特定外语进行听说读写，并可以和对应语种人才进行顺畅沟通交流。

三是信息能力，需要正确判断各种信息，并进行筛选和分析，能够有效运用各种信息辅助自身的能力。

四是逻辑思考能力，需要对信息、问题、知识、现象进行多视角且逻辑性的分析和表现，即能够通过对数据和信息的认知，将问题表达清晰并进行分析。

五是解决问题的能力，需要对数据和信息的收集和汇总，通过逻辑思考能力对其进行梳理和筛选，分析和整理出具体的问题，对问题进行具体的分析和思考，最终利用自身的知识结构和能力解决问题。

（3）态度和志向。态度和志向主要包括以下 5 种能力，分别是自我管理能力，即拥有足够的意志对自身进行各方面的管理；伦理观念，即需要拥有正确的伦理观和道德品质；社会责任心，即作为社会中的个体应该具备的服务社会和推动社会发展的责任；团队协作能力和领导力，即能够和他人进行顺利合作、共同努力，或拥有领导力带领团队完成各种任务；终身学习能力，即需要不断学习并不断提升，推动能力不断完善的学习习惯。

（4）综合的学习经验和创新意识。综合的学习经验和创新意识指的是毕业生能够综合运用自身的各种经验和知识、技能，并针对遭遇的问题和情况发现新课题和新项目，能够运用自身的经验和知识、技能对其进行分析、解决。

（二）在实证调查基础上制定应用型本科教育的人才培养规格

应用型本科教育属于高等教育中本科教育的一种关键类型，因此需要在高等教育本科人才培养规格的基础上和高等教育人才培养质量标准下，针对不同学科和专业制定对应的人才培养规格。

综合而言，应用型本科教育制定人才培养规格需要满足高等教育的高质量专业人才培养，具体需求如图 3-4 所示。

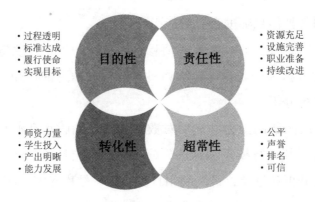

图 3-4　高等教育质量的水平标准

　　其中，高等教育的目的性指的是评判高校是否履行了立德树人的使命、培养过程是否公开透明、培养的人才质量是否达到预先设定的标准、培养结果是否达到了目标要求；高等教育的责任性指的是评判高校的人才培养规格中的教育资源是否充足、对应专业设备是否完备、是否为学生提供了充足的职业准备、教育质量是否在持续改进；高等教育的转化性指的是评判教育过程中教师是否胜任、学生是否投入、人才培养方向是否匹配市场要求、学生的知识和能力素质是否得到充分发展；高等教育的超常性指的是评判高校的教育是否可信、高校声誉是否匹配、高校人才培养规格是否公平、高校人才的排名是否契合。

　　不同的学科和专业在人才培养规格方面必然会有很大的不同，所以中国应用型本科教育的人才培养规格需要在人才培养目标和人才培养质量的基础上进行合理调整，依托大量的实证调查，借鉴国际上的先进经验进行合理有效的制定。

　　在制定规格过程中，需要根据应用型本科教育的特性进行实证调查，即所培养的人才是面向就业市场某一行业或职业的人才，所以要以市场中用人单位的需求和社会经济发展的需求为参考。调查对象需要涉及相关专业、行业、职业的专家，同时需要广泛收集学生家长、同专业校友的意见和建议，根据调查的反馈信息对人才培养规格进行修正和调整。

以地方应用型本科高校为例，其一方面需要深入思考和分析高校学科和专业对接地方企业和行业，培养对应的应用型人才，以服务地方社会和经济发展为核心，制定政产学研协作的人才培养规格，另一方面需要根据自身的特性和学科、专业的特点，在课程体系、管理机制、教育体制等方面进行改革，构建匹配的人才培养模式。

具体可以从以下 5 个角度完善人才培养规格：

一是地方高校要与当地政府、本地企业和行业达成共识。政府制定和出台对应的行业和事业发展总规划或专项规划，高校和企业、行业配合建立政产学研的合作基地，规划人才培养规格的确立。

二是紧密围绕地方区域产业，培养对应的专业人才培养集群。一般可以从三个角度着手：首先是围绕地方的产业链发展和建设趋势，根据产业链的岗位需求和人才需求，依托地方经济和产业构建匹配的教育链、产业链、创新链三链融合的人才培养规格；其次是根据地方产业需求的变化和发展，建立专业和学科随产业发展进行动态调整的灵活机制，通过各方主体的参与对产业未来需求进行预测，适时调整高校专业集群的结构，培养匹配地方社会发展的人才；最后是根据地方新兴产业发展方向，确定地方经济发展优势产业，通过产业群和专业群、岗位群、课程群的匹配，打造能够推动地方快速发展的新兴产业人才供应链。

三是高校和地方共同协作构建创新平台，通过高校与企业的深入合作推动各方面的创新，包括高校教育制度创新、产业发展创新、科学技术创新，即充分发挥地方企业的产业发展和先进设施优势，以及高校的人才培养和学术研究优势，围绕产业发展和技术需求，进行联合技术攻关和技术创新，全面推动高校和企业的综合发展和提升。

四是构建高校与企业的人才共享机制。通过挖掘行业和产业发展对人才的需求，借助地方政策推动鼓励企业中的专家对高校学生进行专业化培养，同时高校可以鼓励专业教师到企业进行挂职锻炼，共同进行技术研发。解决技术难题，最终实现企业人才潜力挖掘、加强师资力量、提升学生专业水准和实践能力的多赢局面。

五是根据企业的岗位需求和能力需求打造对应的应用型人才培养课程体系，即需要立足实际需求建立完善可行的课程体系，从编制适用性实践教材到规范核心课程、技能课程、特色课程、实践课程，最终培养出理论结合实际的应用型对岗人才。

二、实施专业认证制度

专业认证是一种对高等教育进行专业化评价的基本方式，当某专业的毕业生通过专业认证，则意味着该毕业生达到了对应专业所在行业的认可质量标准。

相对而言，中国高等教育评估发展时间较短，国际较为通用的适用于保证应用型人才培养质量标准评判的专业认证在中国高等教育评估体系中的发展一直比较薄弱，尚未形成一个相对独立的关键组成部分，因此在建设应用型高校课程评价制度的过程中，要大力推广和实施专业认证制度，通过该制度对专业教学和人才培养质量进行对应的评价和认证，推动应用型人才培养质量满足社会和经济的发展需求。

具体而言，中国应用型高校实施专业认证制度可以从以下 4 个角度着手进行完善。

（一）立法推动专业认证制度的开展

专业认证制度的开展需要通过立法来确定各认证机构的权威性和独立性，这是做好专业认证工作的核心和根基。通过立法能够确保认证结果最大限度地受到信任并被社会认可，同时能够推动专业认证制度的快速完善。

有关高等教育评估的专门性行政法规在近些年得以不断完善，也推动了中国高等教育专业认证制度的发展，具体专门性行政法规如表3-1所示。

表3-1　中华人民共和国高等教育评估相关行政法规

时　间	行政法规名称	印发机构
1990 年 10 月	《普通高等学校教育评估暂行规定》	中华人民共和国教育部
2007 年 9 月	《普通高等学校本科教学工作水平评估学校工作规范（试行）》 《普通高等学校本科教学工作水平评估专家组工作规范（试行）》	中华人民共和国教育部
2011 年 10 月	《教育部关于普通高等学校本科教学评估工作的意见》	中华人民共和国教育部
2012 年 1 月	《普通高等学校本科教学工作合格评估实施办法》 《普通高等学校本科教学工作合格评估指标体系》	中华人民共和国教育部
2017 年 10 月	《普通高等学校师范类专业认证实施办法（暂行）》	中华人民共和国教育部
2019 年 10 月	《职业技术师范教育专业认证标准》 《特殊教育专业认证标准》	中华人民共和国教育部
2020 年 2 月	《关于深化新时代教育督导体制机制改革的意见》	中共中央、国务院
2020 年 10 月	《深化新时代教育评价改革总体方案》	中共中央、国务院
2020 年 11 月	《学位授权点合格评估办法》（学位〔2020〕25 号）	中共中央、国务院学位委员会，中华人民共和国教育部
2020 年 11 月	《全国专业学位水平评估实施方案》	中共中央、国务院教育督导委员会
2020 年 12 月	《中国教育监测与评价统计指标体系（2020 年版）》	中华人民共和国教育部
2021 年 2 月	《普通高等学校本科教育教学审核评估实施方案（2021—2025 年）》	中华人民共和国教育部

从上述专门性行政法规的发展和完善可以看出，随着中国高等教

育的快速发展，高等教育评估体系也在快速发展和完善，通过立法规范确认了高等教育体系不同层次的教育水平评估的模式和手段，同时在尝试建立教育部高等教育教学评估中心对全国高校进行的审核评估工作中，如《普通高等学校本科教育教学审核评估实施方案（2021—2025 年）》指出，教育部高等教育教学评估中心需制定专家管理办法，建设全国统一且开放共享的专家库，建立专家组织推荐、专业培训、持证入库、随机遴选、异地选派及淘汰退出机制，以确保评估中心能够有效落实对高等教育体系的审核评估工作。

（二）鼓励创建中介性质专业认证机构

多数发达国家的高等教育专业认证的发展模式是依托中介性质的专业认证机构完成，即通过建立介于政府、社会和高校间的中介组织，广泛汇集具备对应能力和资质的专家完善专业认证体系，可在高等教育专业认证方面发挥重要作用。

具体可以从两个角度着手。其一是以政府为督导，以高校专家组或专业协会、学术团体等为主体，成立具备中介性质的专业认证机构，同时可以相对性地融入就业指导机构、人力资源统筹机构、出国留学中介机构，完善高等教育的专业认证体系，推动中介性质专业认证机构的形成并发挥作用。

其二是重视专业认证机构的专家队伍建设。专业认证机构的专家队伍是进行专业认证的具体实施者，其综合素质的高低对专业认证机构的专业度和权威性有巨大影响，因此必须建立一支具备良好职业道德、自律精神强且专业水平高，对应用型人才培养过程极为了解，同时对地区社会中就业市场的职业准入资格极为了解的专家队伍。

一般可以通过多层次专家汇集来建设专业认证机构的专家队伍，如根据不同专业和行业发展特性，形成以专业和行业专家为核心主体，包括教育界专家、职业界专家、就业界专家、人力资源界专家、市场界专家、经济界专家等人士的队伍。这样，既能够保证专业认证机构的专业性和权威性，又能够形成行业、教育业、企业之间的沟通桥梁，从而令高等教育体系打破原有的封闭状态，形成与市场需求和社会需求紧密联系的新型教育格局。

（三）以特定学科或专业为试点逐步展开

欧美地区的高等教育专业认证体系范围涉猎较广，涵盖工程、医药、卫生、建筑设计、法律、师范、规划等各行业领域，而中国的专业认证体系尚不够完善，因此可以通过特定学科或专业的认证为试点，逐步完善整个高等教育专业认证体系。

事实上，中国早在 20 世纪 90 年代就已经开始在建筑工程领域开展了对应的专业认证试点工作；2006 年，中华人民共和国教育部启动了工程教育专业的专业认证工作，并先后在机械工程、自动化电器工程及其自动化、计算机科学与技术、化学工程与工艺等 4 个领域成立了专业认证试点工作组；2007 年，中华人民共和国教育部又开始将工程教育专业的专业认证工作进行拓展和扩大，涵盖了十数个专业；2011 年，中华人民共和国教育部针对中医学进行了专业认证试点工作，并在随后的数年间逐步总结经验和范围拓展；2020 年，《国务院办公厅关于加快医学教育创新发展的指导意见》，明确提出要建立健全医学教育质量评估认证制度，构建医学专业全覆盖的医学教育认证体系，建立具有中国特色、国际实质等效的院校医学教育专业认证制度。

相信随着高等教育不同专业试点的专业认证体系的构建，高等教育全体系的专业认证工作会逐步展开，并形成具有中国特色且与国际接轨的专业认证制度。

（四）确保专业认证标准和程序国际化

进入 21 世纪以来，经济全球化和高等教育国际化使各方面专业人才在国际上的流动更加频繁，同时随着中国经济的快速发展，跨国企业和行业在国际方面的发展对跨国专业人才的需求提出了更高的要求。

也就是说，在国际层面不同国家之间相互承认对方专业认证体系所认证的专业人才是未来全球化发展的必然趋势，因此中国的专业认证体系发展必须要顺应此潮流，专业认证试点的开展必须要确保其程序和标准能够在符合中国实际情况的同时，能够和国际上的专业认证程序和标准接轨，只有这样，中国的专业人才走上国际舞台后，才能够契合国际需求，从而展现自身的才能。

另外，中国的专业认证体系在发展和完善过程中还需要积极分析和研究国际高等教育专业认证体系的标准和发展趋势，针对国际上不同国家相互承认的条件来制定能够被多数国家认可和接受的专业认证体系。

三、建立面向实践能力的学业成就评价

建立高等教育的课程评价制度，其目的是通过评价反馈来有效提高教学质量，其中涉及课程体系中的各个环节，包括更新课程内容、专业教材筛选、教学方法改革、教学手段创新，甚至是学业成就评价。

学业成就评价就是通过一定的标准体系对不同学科和专业学生的学习成果进行科学合理的价值评判，根据不同的人才培养目标，其学业成就评价标准的侧重点也会有所不同。

学术型人才培养目标是培养出具备高深学问和广泛知识面的研究型人才，其不仅需要具备系统学习某学科或相关多学科的各类知识，还需要具备极为扎实的理论知识基础和科学有效的思维方法。所以，

学术型人才的学业成就评价的内容需要偏重学科基本理论知识的掌握程度、理解程度，以及对对应学科的前沿知识、先进理念的了解，知识结构必须呈现出系统性和完整性特征，思维特征需要满足科学思维、质疑能力、探究能力、研究意识、反思能力和丰富的想象力，这样的标准才能保证学术型人才从事对应的学术研究。

应用型人才培养目标是培养出拥有足够实践能力，以及较强理论研究水平的对世界进行改造和推动技术应用的高级专门人才，其最大的特点就是专业口径宽且适应面较广，能够在某行业或某岗位进行技术深挖，理论结合实际的能力极强。所以，应用型人才的学业成就评价的内容更侧重人才对理论知识的理解能力、分析能力和应用能力，其中最重要的是人才具备较强的动手操作能力，能够通过个体或团队协作将理论知识应用到实际工作中，也就是说应用型人才对应的学业成就评价体系需要以实践能力为核心，重视的是实用性和操作性。

第三节 应用型高校精品课程开发

精品课程指的是具有一流教师队伍、一流教学内容、一流教学方法、一流教材和一流教学管理特点的示范性课程，是高等学校提高教学质量和推动教学改革的重要组成部分。

一、高等教育精品课程开发的缘起与发展

随着中国社会和经济的快速发展，市场对高等专门人才的需求量

不断攀升，对人才质量的要求也在不断提高。基于此背景，2001 年，中华人民共和国教育部印发了《关于加强高等学校本科教学工作提高教学质量的若干意见》（以下称《若干意见》），提出要切实加强高等学校本科教育教学工作和提高教学质量。

（一）精品课程建设工作的缘起

为贯彻 2001 年印发的《若干意见》，有效提高高等学校的教学质量并加强高等教育改革，2003 年中华人民共和国教育部印发了《教育部关于启动高等学校教学质量与教学改革工程精品课程建设工作的通知》（以下简称《启动通知》）。

《启动通知》对高等学校教学质量与教学改革工程（精品课程建设工作）的要求大致总结如下：提高对人才培养质量重要性的认识，确保高等教育教学工作的中心地位，以培养满足国家和地方发展需要的高素质人才为目标，以提高学生国际竞争能力为重点，整合各类教学改革成果，加大教学过程中使用信息技术的力度，加强科研与教学的紧密结合，大力提倡和促进学生主动、自主学习，改革阻碍提高人才培养质量的不合理机制与制度，促进高等学校对教学工作的投入，建立各门类、专业的校、省、国家三级精品课程体系。[①]

根据精品课程的定义，其中具备 5 个极为重要的构成要素，即 5 个一流，它们不仅是有机整体，还需要统一确立为高等教育人才培养的目标。在不同学科和专业、不同行业和岗位需求、不同社会和经济发展背景下，高等教育的人才培养目标定位有所不同，呈现出多样化和层次性特征。高校应根据自身不同的定位、不同的办学特点、不同的人才培养定位来决定学科和专业的精品课程方向。

---

① 李涛.高等学校精品课程建设 [M].哈尔滨：哈尔滨工程大学出版社，2007：3-6.

（二）高等教育精品课程的发展

2007 年，中华人民共和国教育部为全面贯彻提高高等教育的质量，与中华人民共和国财政部联合发布了《教育部 财政部关于实施高等学校本科教学质量与教学改革工程的意见》，其中提出要全面建设高等教育课程体系、教材体系，并实现资源共享；继续推进国家精品课程建设，遴选 3000 门左右课程，进行重点改革和建设，力争在教学内容、教学方法和手段、教学梯队、教材建设、教学效果等方面有较大改善，全面带动我国高等学校的课程建设水平和教学质量。启动"万种新教材建设项目"，加强新教材和立体化教材建设，鼓励教师编写新教材，积极做好高质量教材推广和新教材选用工作。积极推进网络教育资源开发和共享平台建设，建设面向全国高校的精品课程和立体化教材的数字化资源中心，建成一批具有示范作用和服务功能的数字化学习中心，实现精品课程的教案、大纲、习题、实验、教学文件以及参考资料等教学资源的开放，为广大教师和学生提供免费享用的优质教育资源，完善终身学习的支持服务体系。开发网上考试系统，研究制定相关标准，逐步实现大学英语和网络教育全国统考课程的网上考试，创造安全、便捷、高效的考试平台。[①]

2011 年，中华人民共和国教育部印发了《教育部关于国家精品开放课程建设的实施意见》，对国家级精品开放课程的建设内容、建设和运行机制、组织管理模式进行了详尽阐述，为国家级精品开放课程的建设指明了方向和路径。

2012 年，中华人民共和国教育部印发了《精品资源共享课程建设工作实施办法》，从精品资源共享课程建设的目标与任务、精品资源

---

① 高等学校本科教学质量与教学改革工程办公室.高等学校本科教学质量与教学改革工程实施手册：第 1 卷 [M].北京：华夏教育出版社，2007：3-6.

共享课程建设的组织与实施、国家级精品资源共享课程建设要求、国家级精品资源共享课程建设的保障措施等 4 个部分，再次细化和明确了精品资源共享课程的建设规范和要求。

随着政策推动和全国各高校的不断努力，国家级精品课程的建设如火如荼地开展，同时借助互联网的优势，国家精品在线开放课程也逐步上线。2018 年，首批通过认定的国家精品在线开放课程为 490 门；2019 年，国家精品在线开放课程通过认定的数量为 801 门，并从认定结果公布起面向高校和社会学习者开放，提供不少于 5 年的教学服务；2022 年，国家精品在线开放课程通过认定并推出的数量已经达到 3000 门以上。

二、应用型本科教育精品课程建设

随着中国高等教育的发展进入普及化阶段，社会与经济发展对应用型人才的需求和要求都在不断提高，这对应用型本科教育的人才培养提出了挑战。作为应用型本科教育，精品课程建设刻不容缓，这不仅需要符合应用型人才教育的基本规律，还需要完善体系以便培养契合社会发展需求的多样化应用型人才。其精品课程建设需要从 5 个角度着手，具体如图 3-5 所示。

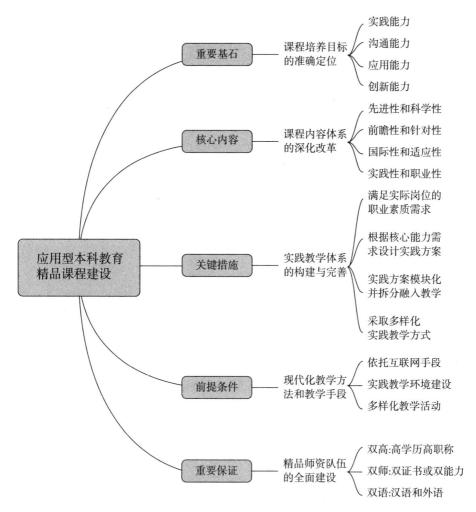

图 3-5 应用型本科教育精品课程建设

（一）重要基石：课程培养目标的准确定位

应用型本科教育培养的是应用型人才，对人才的基本要求就是具备很强的动手能力和实践技能，能够更快适应实际工作岗位的要求，能够妥善处理工作中遭遇的问题。同时，其本质并非单纯具备操作技能和职业岗位技能的职业人才，而是拥有更强的创新意识和通用适应性，其基础理论知识体系的结构要更宽广、更专业、更精细，且具备很强的自主学习能力，拥有匹配的技术创新和二次开发能力。

因此，应用型本科教育的精品课程的人才培养目标的定位应该以实践能力、沟通能力、应用能力、创新能力为基石，同时高校在确定人才培养目标定位时需要考虑到自身的市场定位和特色，结合所处地区的专业需求方向和市场要求，确定精品课程的在整个课程体系的地位和作用，处理好和专业课程体系的关系，最终达成彼此有机结合并系统强化的功能。

（二）核心内容：课程内容体系的深化改革

应用型本科教育建设精品课程需要围绕准确定位的人才培养目标，对整个课程内容体系进行深化改革，培养出以服务社会为宗旨、以就业需求为导向、以适应一线需求为核心、以高等技术的应用为根本的应用型专门人才。

具体需要依托培养目标和创新思维的现代化教育理念，结合学科和专业的课程特点，广泛吸纳先进教学理念和教学经验，构建理论与实践高度融合的课程内容体系，务必要做到以下 4 点。

一是内容体系的先进性和科学性。先进性主要体现在课程融合了先进的教学观念和教学思想，内容设计必须以学生为本，充分挖掘学生主体作用和创新思维；科学性主要体现在要以科学的教育规律为前提进行内容设置，其中不仅要包含学科和专业领域最新科研成果、技术手段，还要融合社会对人才的要求。

二是内容体系的前瞻性和针对性。前瞻性主要体现在课程内容必须能够反映学科和专业的前卫技术，同时契合未来行业的发展趋势；针对性则体现在以行业岗位群的能力为着力点，针对性地构建该学科和专业的应用型取向的课程内容。

三是内容体系的国际性和适应性。国际性主要体现在课程内容需要立足国际，其内容体系和培养人才的标准需要符合国际职业标准，从而培养出能够参与国际人才竞争的高素质应用型人才；适应性则体现在课程内容必须多样化，能够满足多样化的现代教学手段和方法的需要，同时满足多样化的人才需求和个体需求。

四是内容体系的实践性和职业性。实践性主要体现在课程内容必须包含完善的实践教学，实践教学环境要满足课程实践需求，设备也要满足实操和动手能力培养的需求；职业性则体现在课程内容需要和国际职业资格标准进行连接，保证人才能够满足国际化职业人才的要求。

（三）关键措施：实践教学体系的构建与完善

应用型本科教育的精品课程建设最为关键的措施就是能够满足人才的实践能力培养，这就需要匹配构建科学合理的实践教学体系。具体的构建和完善可以从以下 4 个方面着手。

一是要科学分析学科和专业匹配职业岗位群所需的知识、能力、素质要求，通过分析实际岗位的职业素质需求，之后结合学科和专业的知识结构和特点，将知识、能力、素质和实践课程进行有机结合，构建出理论和实践高度融合的实践课程。

二是明确学科和专业匹配的职业岗位核心能力，根据核心能力设计对应的综合实践课程体系，即围绕核心能力设计对应的实践方案，以便有针对性地培养人才的专业实践能力。

三是将专业实践方案模块化，进行细化拆分后嵌入整个课程体系中，以便各个实践单元模块能够和理论教学内容匹配，最终达到循序渐进培养人才实践能力的效果。

四是需要根据实践教学的需要，通过多样化的实践教学方式来实现实践教学的达成，尤其需要根据高校资源特征和实践经验创新实践教学形式。

（四）前提条件：现代化教学方法和教学手段

应用型本科教育的精品课程建设的前提条件就是要充分运用现代化的教学方法和教学手段，将现代化理念融入教学之中，从形式上改革传统的教学观念和教学管理手段。具体需要从以下 3 方面满足精品课程建设的现代化教学手段融合。

首先，精品课程的建设通常需要依托互联网进行教学和管理，并进行推广和实施，相关的教学纲要、教学习题、实验指导、实践应用等活动都需要在线推广并免费开放，从而实现多方精品课程的共享，最终推动优质教学资源的融合创新。因此，精品课程的建设必须依托网络平台的建设来实现课程的网络化和共享化。

其次，需要加强精品课程体系的实验、实训、实践基地等硬件和软件设施的建设，完善精品课程体系的实践教学环境，营造能够有效培养人才实践操作能力的活动环境。

最后，需要根据精品课程的不同教学内容，灵活运用多样化的现代化教学手段和教学方法，以多样化教学活动提高教学效果，如：现场实践教学、网络在线教学、案例教学、讨论式教学、共建式课程设计。通过多样化的教学手段来提升学生的学习兴趣和自主学习能力，同时引导学生培养创新意识并形成创新能力。

（五）重要保证：精品师资队伍的全面建设

精品课程的建设必须要依托一流的师资队伍，这是建设精品课程的重要保证。应用型本科建设精品课程需要根据精品教师的特性来完善师资团队。

　　具体而言，高校可以安排双高教师担任精品课程的负责人，即由治学严谨且师德高尚的高学历、高职称的优秀双高教师担任，依托双高教师的行业远见和先进教学理念来引领整个师资队伍。也可以安排双师教师和双语教师担任精品课程的主讲。双师教师就是具备双能力或双证书的优秀教师，双语教师则是具备汉语和外语（或民族语言）的优秀教师，此类教师作为精品课程的主讲教师，能够有效把握学科和专业，以及行业和职业的发展前沿动态，从而带领整个教师团队进行专业化课程开发和教学研究。

第四章 应用型人才培养导向下的高校教学模式改革

第一节　改革开放后高校教学改革回顾

改革开放以来，中国社会和经济得到了长足的发展，经济的提升对人才的数量和质量提出了更高的要求，教学改革势在必行。高等院校作为培养高质量高素质人才的主要场所，毫无意外地成了教学改革的重中之重。

高校教学改革的重点是人才培养模式的改革，即与人才培养相关的教育思想、教育理念、学科划分、专业设置、课程体系、课程内容、教学方法、教学评价等所有教学环节的整体改革，其中的每一项均是高校教学改革的重要内容。

一、不同时期高校教学改革的发展

根据不同时期高校教学改革的变化，高校教学改革的发展历程可分为 3 个重要时期，分别是高校教学改革起步阶段、高校教学改革全面推进阶段、高校教学改革质量提升阶段，具体如图 4-1 所示。

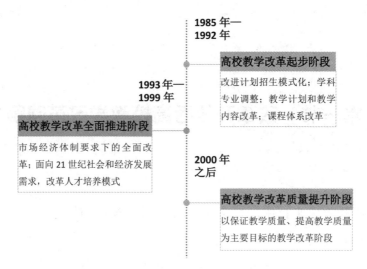

图 4-1　高校教学改革的发展历程图

（一）高校教学改革起步阶段

高校教学改革的起步阶段是 1985 年—1992 年。改革开放政策的实行使全社会对高质量专业人才的需求量大增，加之中国社会和经济的快速发展，中国对专业人才的质量要求不断提高。在这样的背景下，中国高等教育开始采取试点式教学改革，并在试点改革初步成功的基础上，使政策正式介入高等教育的教学改革。

1985 年，中共中央颁布了《中共中央关于教育体制改革的决定》（以下简称《决定》）。《决定》涉及人才培养模式改革的多个方面，是当时教学改革的纲领性文件，其中指出教育体制改革的根本目的是提高民族素质，多出人才，出好人才。

《决定》指出的改革内容大致总结如下：改革教育管理体制，在加强宏观管理的同时，坚决实行简政放权，扩大学校的办学自主权；调整教育结构，相应地改革劳动人事制度；改革同社会主义现代化不相适应的教育思想、教育内容、教育方法；经过改革，要开创教育工作的新局面，使基础教育得到切实的加强，职业技术教育得到广泛的发展，高等学校的潜力和活力得到充分发挥，学校教育和学校外、学校后的教育并举，各级各类教育能够主动适应经济和社会发展的多方面需要。

同时，《决定》还对教育投资的增加、发展基础教育的责任归属为地方、调整中等教育结构、大力发展职业技术教育、改革高等院校招生计划和毕业分配制度、提高高等院校办学自主权等各个方面做出了明确的规定。

改革开放初期，中国高等教育的教学模式主要模仿的是苏联，即在人才培养方面强调专业教育，虽然有效拓宽了专业覆盖面和专业精细度，但忽视了学生的知识宽度，不利于学生的未来发展。针对这样的情况，《决定》在4个方面提出了高等教育教学改革路径。

首先，高等院校原有的招生模式是国家统一招生，毕业生由国家整体包分配。为改变这一形势，《决定》指出可以实行3种办法对其进行改善。

第一种是改进国家的计划招生，需要围绕国家近期和远期发展的人才需求，做好高等教育总体规划和人才需求中长期预测，实行国家计划指导、本人选报志愿、学校推荐、用人单位择优录用的制度；第二种是通过用人单位委托招生模式，即为了满足社会和企业的人才需求，可以继续推行用人单位委托学校培养学生的制度，单位向学校交纳一定培养费，学生毕业后按合同规定进入委托的单位工作；第三种是在国家计划之外招收一定的自费学生，学生交纳一定的培养费，毕业后由学校推荐就业，也可以自主择业。

其次，在学科专业调整方面明确指出，高等院校的专业设置相对狭窄，不同程度脱离了中国社会和经济的发展需求，和当代科学文化的发展不相适应。因此，高等院校需要针对性地进行学科专业调整。

早在 1982 年就已经开始的高等院校专业调整进程在《决定》的推动下开始大规模展开，并在 1987 年结束了首次高等院校学科专业调整，不仅调整了部分专业的名称并进行了统一，还拓宽了专业的招生口径，对新兴边缘学科和中国较为薄弱的学科进行了充实和加强，原本 1400 多种专业种类被缩减到 671 种，但专业口径更宽，有效推动了学生知识面的拓展。

再次，在教学计划和教学内容方面，原有的高等院校的教学计划和教学内容更偏重中国的计划经济体制需求，但随着改革开放政策的实行，教学计划和教学内容同质化倾向开始严重，无法和变化巨大的经济发展模式相匹配，因此《决定》指出，给予高等院校更大的办学自主权，高校有权调整专业的服务方向，有权制订教学计划和教学大纲，有权自主编写和选用对应教材。此项决策赋予了高校在教学计划和教学内容改革方面更大的自主权，有效促进了高校针对自身特性和学生特性进行的自主调整和改革。

最后，在高校的课程体系方面，《决定》指出要积极进行教学改革的各种试验，精简和更新教学内容，减少必修课，增加选修课，增加实践环节，实行学分制和双学位制，并增加学生的自学时间和课外学习活动，有指导性地开展勤工助学活动；提高教师的教学水平和学术水平，为教师提供进修和从事科学研究、学术交流的机会。

《决定》的颁布意味着中国高等教育开始从计划经济时代向有计划的商品经济时代进行人才培养转轨，从而根据社会环境的变化来匹配人才规格和人才培养模式。

（二）高校教学改革全面推进阶段

高校教育改革全面推进阶段是 1993—1999 年。在此阶段，各项教学改革政策发布，主要的政策措施如表 4-1 所示。

表 4-1　高等教育教学改革政策（1993—1999 年）

发布时间	政策名称	发布部门	教育改革主要内容
1993 年 2 月	《中国教育改革和发展纲要》	中共中央、国务院	教育改革的指导思想：进一步转变教育思想，改革教学内容和教学方法，克服学校教育不同程度存在的脱离经济建设和社会发展需要的现象。要按照现代科学技术文化发展的新成果和社会主义现代化建设的实际需要，更新教学内容，调整课程结构
1994 年 1 月	《高等教育面向 21 世纪教学内容和课程体系改革计划》	中华人民共和国教育部	主要立项项目：未来社会的人才素质和培养模式；各专业或专业群的培养目标及人才规格；主要专业或专业群的课程体系结构；基础课程和核心课程的教学内容体系及教材；对应教学方法和教学手段的创新。要求各项目成果具备可操作性且能够在教学实践中检验
1994 年 3 月	《教学成果奖励条例》	中共中央、国务院	奖励取得一定教学成果的集体和个人，并鼓励教育工作者从事教育教学研究，提高教学水平和教育质量
1995 年 7 月	《关于开展大学生文化素质教育试点工作的通知》	中华人民共和国教育部	有计划、有组织地在全国包括北京大学、清华大学在内的 52 所高校开展加强大学生文化素质教育的试点工作
1998 年 12 月	《面向 21 世纪教育振兴行动计划》	中国共产党第十五次全国代表大会	提出跨世纪社会主义现代化建设的宏伟目标与任务，并对落实科教兴国战略做出全面部署，旨在全面推进教育改革和发展，提高全民族素质和创新能力
1998 年 4 月	《关于加强大学生文化素质教育的若干意见》	中华人民共和国教育部	在 1995 年试点工作成果的基础上，将加强文化素质教育工作推广到全国各个普通高等学校，推动高等学校人才培养模式、课程体系、教学内容的改革，以培养适应 21 世纪社会和经济发展所需的高质量人才
1999 年 6 月	《中共中央 国务院关于深化教育改革全面推进素质教育的决定》	中共中央、国务院	全面推进素质教育，培养适应 21 世纪现代化建设需要的社会主义新人；深化教育改革，为实施素质教育创造条件；优化高校教师结构，建设全面推进素质教育的高质量师资队伍；加强领导，全党、全社会共同努力开创素质教育新局面

在《中国教育改革和发展纲要》的指导思想下，教育界相关部门颁布了多项政策，对高等教育进行了大刀阔斧的改革。这些政策主要针对的是高校教育改革的三项主要内容。

一是教学内容和课程体系改革。根据相关政策，高校教学改革正式批准了221个大项目的立项，其中包括985个子项目，同时有300多家高校进行参与。

二是针对专业种类和专业口径再次进行深化改革、为了解决高等院校专业设置宽窄的矛盾，相关政策在1993年和1997年两次对本科专业目录进行修订，其中1993年的本科专业目录从原本的800多个调整为504个，1997年的本科专业目录从504个缩减为249个，力求以此为契机推动各高校拓宽专业口径，并根据拓宽的专业口径制订对应的人才培养方案和教学计划。

三是加强文化素质教育。1995年确立了52所高等院校开展文化素质教育试点工作，并在3年后的1998年确定在全国高校全面推行文化素质教育。1999年还根据加强文化素质教育的效果，推进了全国高校素质教育向纵深发展，连带推动了课程体系的再次改革和突破。

（三）高校教学改革质量提升阶段

高校教学改革质量提升阶段开始于2000年，并持续至今。1999年高校开始大规模扩招，高校招生学生人数从1999年到2003年增加比例分别为47%、25%、17%、10%，1998年全国高校招生人数为180万，到2005年就达到了530万。

高校招生人数的大幅增加使教育资源难以在短时间内迅速增长，从而导致教育质量呈现下滑，这种现象引发了社会各界的重视和关注，也推动着高校教学改革向提高教育质量的方向发展。具体的政策推动如表4-2所示。

表4-2　2000年以来的高校教学改革政策（部分）

发布时间	政策名称	发布部门	教学改革主要内容
2001年8月	《关于加强高等学校本科教学工作提高教学质量的若干意见》	中华人民共和国教育部	强调抓好本科教学是提高整个高等教育质量的重点和关键，并提出要将加强本科教学工作列入重要工作日程，针对加强教学工作提出了12项针对性要求
2003年4月	《教育部关于启动高等学校教学质量与教学改革工程精品课程建设工作的通知》	中华人民共和国教育部	旨在推进教育创新并深化教学改革，促进现代信息技术在教学中的应用并推动优质教学资源共享，进一步促进教授上讲台，全面提高教育教学质量，造就数以千万计专门计专门人才和一大批拔尖创新人才
2004年3月	《2003—2007年教育振兴行动计划》	中共中央、国务院	重点推进农村教育发展与改革及高水平大学和重点学科建设；实施"新世纪素质教育工程""职业教育与培训创新工程""高等学校教学质量与教学改革工程""促进毕业生就业工程""教育信息化建设工程""高素质教师和管理队伍建设工程"；加强制度创新和依法治教；支持和促进民办教育持续健康协调快速发展，进一步扩大教育对外开放；改革和完善教育投入体制；加强党的建设和思想政治工作，构建和完善中国特色社会主义现代化教育体系
2005年1月	《关于进一步加强高等学校本科教学工作的若干意见》（教高〔2005〕1号）	中华人民共和国教育部	针对高等教育的发展提出了16条具体要求，强调高等教育在保证规模持续发展的同时，要将提高教育质量放在更加突出的位置

续 表

发布时间	政策名称	发布部门	教学改革主要内容
2007 年	《关于实施高等学校本科教学质量与教学改革工程的意见》	中华人民共和国教育部、中华人民共和国财政部	由中央财政投入 25 亿元正式启动高等学校本科教学质量与教学改革工程，内容涵盖：专业结构调整与专业认证、课程和教材建设与创新、资源共享，实践教学与人才培养模式改革创新、教学团队建设，对口支援西部地区高等学校 6 个方面
2007 年	《关于进一步加强高等学校本科教学工作的若干意见》（教高〔2007〕1 号）	中华人民共和国教育部	进一步提出要加强教学评估，建立保证提高教学质量的长效机制，促成高等教学质量提升和教学改革推进的优良架构
2011 年 1 月	《教育部关于实施卓越工程师教育培养计划的若干意见》	中华人民共和国教育部	面向工业界，面向世界，面向未来，培养造就一大批创新能力强，适应经济社会发展需要的高质量各类型工程技术人才，为建设创新型国家，实现工业化和现代化综合国力，以此为突破口，促进工程教育改革和创新，着力建设具有世界水平和中国特色社会主义现代高等工程教育体系
2011 年 12 月	《教育部 中央政法委员会关于实施卓越法律人才教育培养计划的若干意见》	中华人民共和国教育部、中国共产党中央政法委员会政法委员会	旨在全面落实依法治国基本方略，深化高等法学教育教学改革，并提高法律人才培养质量；目标是经过 10 年左右努力，形成科学先进且具备中国特色的法学教育理念。形成多样化符合国情的法律且符合法律人才培养机制，造就一批高素质法律人才
2018 年 10 月	《教育部关于加快建设高水平本科教育 全面提高人才培养能力的意见》	中华人民共和国教育部	经过 5 年左右努力，初步形成高水平人才培养体系，建成一批德才兼备高标准本科专业点，建设一批一流本科专业，引领整个高校的专业建设水平和人才培养能力全面提高

续　表

发布时间	政策名称	发布部门	教学改革主要内容
2018年"六卓越一拔尖"计划2.0	《教育部关于实施卓越教师培养计划2.0的意见》	中华人民共和国教育部	落实《教育部等5部门关于印发〈教师教育振兴行动计划〉（2018—2022年）的通知》，经过5年左右努力，办好一批高水平且有特色的教师教育院校和师范专业，优化教师教育资源队伍，提高实践教育质量，基本健全协同培养机制，基本建立教师教育质量文化
	《教育部 工业和信息化部 中国工程院关于加快建设发展新工科 实施卓越工程师教育培养计划2.0的意见》	中华人民共和国教育部，中华人民共和国工业和信息化部，中国工程院	以加入国际工程教育《华盛顿协议》组织为契机，以新工科建设为重要抓手，持续深化工程教育改革，加快培养适应和引领新一轮科技革命和产业变革的卓越工程科技人才
	《教育部 农业农村部 国家林业和草原局关于加强农林科教结合实施卓越农林人才教育培养计划2.0的意见》	中华人民共和国教育部，中华人民共和国农业农村部，中华人民共和国国家林业和草原局	围绕乡村振兴战略和生态文明建设，坚持产学研结合，以现代科学技术改造提升现有的涉农专业，建设一批适应农林新产业新业态发展需要的涉农新专业，为乡村振兴提供有力的人才支撑
	《教育部 中央政法委关于坚持德法兼修实施卓越法治人才教育培养计划2.0的意见》	中华人民共和国教育部，中共中央政法委员会	围绕建设社会主义法治国家需要，主动适应法治国家建设新任务和新要求，找准人才培养和行业需求的结合点，深化高等法学教育教学改革，为全面推进新时代法治中国建设提供有力的人才智力支撑
	《教育部 中央宣传部关于提高高校新闻传播人才培养能力实施卓越新闻传播人才教育培养计划2.0的意见》	中华人民共和国教育部，中共中央宣传部	加强和改进高等学校新闻传播专业的建设，建设中国特色世界水平的高素质新闻传播专业，培养造就一大批具有家国情怀和国际视野的高素质全媒质复合型专家型新闻传播后备人才
	《教育部 国家卫生健康委员会 国家中医药管理局关于加强医教协同实施卓越医生教育培养计划2.0的意见》	中华人民共和国教育部，中华人民共和国国家卫生健康委员会，国家中医药管理局	围绕健康中国战略实施，树立"大健康"理念，深化医教协同，推进以胜任力为导向的教育教学改革，建设中国特色和世界水平的一流医学专业，培养一流医学人才，以服务健康中国建设
	《教育部等六部门关于实施基础学科拔尖学生培养计划2.0的意见》	中华人民共和国教育部等六部门	全面落实立德树人根本任务，建设一批国家青年英才培养基地，通过强化使命驱动、注重大师引领、创新学习方式、促进科教融合、深化国际合作，选拔和培养一批基础学科拔尖人才，为中国未来建设奠定人才基础

　　自 2000 年开始至今，针对高校教学质量提高的教学改革政策层出不穷，并从 4 个方面推动了高校的教学改革深化。一是启动了精品课程建设，旨在以精品课程建设来带动教学改革，从而提高教学质量。精品课程建设一直持续至今，依托互联网技术已经成为提高高校教学质量的重要渠道。

　　二是开展本科教学工作水平评估，包括建设专业结构调整和专业认证体系，促进课程和教材建设与资源共享，推动"实践俭学"和人才培养模式创新，提高教学团队和高水平教师队伍建设，公布教学评估与教学状态基本数据，以便通过加强教学评估体系来建立提高高校教学质量的长效机制。

　　三是设立高等学校教学名师奖。通过名师奖的设置增强全社会关注教学、关注名师，推动教学质量提高的良好社会氛围。

　　四是卓越人才教育培养计划的实行。

　　从 2011 年中华人民共和国教育部发布的《教育部关于实施卓越工程师教育培养计划的若干意见》到 2012 年中华人民共和国教育部和中央政法委联合实施的《卓越法律人才教育培养计划》，再到 2013 年中华人民共和国教育部和中华人民共和国工程院印发《卓越工程师教育培养计划通用标准》，之后在 2018 年中华人民共和国教育部印发《关于加快建设高水平本科教育 全面提高人才培养能力的意见》，并以此为指导思想决定实施"六卓越一拔尖"计划 2.0，目标都是通过卓越计划的推进和实施，提升高等教育的教学质量。

　　与上一阶段的教学改革不同的是，此阶段高等教育教学改革主要是由高等教育从精英化阶段发展到大众化阶段并进入普及化初级阶段所引发的，整个高等教育教学改革已经不再是较为孤立的事项，而是以提高教学质量为核心，两者紧密结合共同推进的战略工作。

二、改革开放后高校教学改革的政策变迁特点

改革开放政策推动着中国经济快速发展，对人才的需求和要求也不断提高，而在此过程中，社会环境、经济环境、政治环境、科技发展等变化都会对高校教学改革产生影响和推动。中国高校教学改革的政策变迁同样随着高校教学改革的推进而产生相应的调整，具体变化特点主要体现在两个方面。

（一）政策环境影响教学改革政策变化

美国政策学家詹姆斯·E. 安德森（James E. Anderson）认为，政策行动的要求产生于政策环境，并从政策环境传到政策系统。与此同时，政策环境限制和制约着决策者的行动。[①]

政策环境主要由自然环境和社会环境两部分组成，其中自然环境包括国家地理位置、气候条件、面积大小、资源状况、山川河流布局等，其对国家政策的制定有影响和制约作用；社会环境则主要包括国家的政治状况、经济状况、教育状况、人口结构和数量、科技情况、文化状况等各个方面，其对政策的制定影响更加直接，也更加明显，甚至会起到决定性作用。

改革开放以来，中国的政策环境发生了巨大的变化，这些变化促使社会环境产生了变化，社会环境的变化也对人才培养提出了更加多样化和灵活性的要求。

在以上政策环境的影响下，高校教学改革政策需要针对改革开放所处的不同阶段，解决对应的问题和协调价值取向。而整个高校教育教学改革并非一蹴而就，为了能够保证高等教育稳定发展的同时进行有效教学改革，教学改革政策开始从教学管理体制改革入手，再逐步

---

① 袁振国. 中国教育政策评论 [M]. 北京：教育科学出版社，2000：79-81.

渗透到教学计划、学科专业目录调整，之后再逐步深入到教学内容和课程体系的改革，最终影响教育思想，促使教育理念的变革。

进入 21 世纪，中国高等教育逐步进入大众化阶段并快速发展，在高等教育从精英化阶段向大众化阶段过渡的背景下，高等教学质量的问题凸显出来，针对此项问题，教学改革政策开始从教学评价、师资力量建设着手，通过精品课程建设和卓越计划切实提高教学质量。从精品课程建设过程和卓越计划的政策推行可以看出，精品课程从试点成为全面推广，是因为教学环境真正获得了益处，教学质量得到了有效提高；之后的卓越计划同样如此，从前后十来年的卓越计划推进政策可以看出，依托发展契机，中国得以进行卓越人才培养，正是因为教学质量依托该政策和该计划得到了巨大提升。

可以说，教学改革政策的变化必然建立在政策环境的变化基础上，政策的出台需要对政策环境进行有效把控和研究，在预测未来政策环境的变化后，通过具备先导性和前瞻性的政策来引导教学改革质量的有效提高。

（二）教学改革政策从协调功能转变为激励功能

通常情况下，政策的制定主要用以满足以下两种需求中的某一种：一种是协调冲突和矛盾的需求，即通过政策来缓解冲突和矛盾，促使充满矛盾的双方或多方能够并行发展；另一种是建立集体激励机制，以便充分发挥集体的主观能动性，从而有效推动某项事业的良性持续发展。

在两种需求中，第一种需求虽然能够促使矛盾缓解，且推动并行发展，但无法令两者或多方进行有效的融合发展，无法充分发挥彼此的最大优势；第二种则更具促进效果，能够满足灵活性和多样化发展的需求。

改革开放以来，中国高等教育教学改革政策同样如此，经历了从协调功能向激励功能转变的过程。

在改革初期，高校教学改革政策主要是协调作用，通过政策性立项逐步寻找共存和融合的路径。

随着社会和经济的发展以及教学改革成果的不断呈现，教学改革政策开始逐步向建立激励机制倾斜，通过财政投入和充分肯定教学改革成果来有效挖掘高校自身的主观能动性，从而，满足人才培养的多样化需求和高校多样化发展的需求。

第二节　应用型高校教育教学模式的改革方向

社会和经济的发展使各行各业都迫切需要应用型人才的加盟，而培养多样化的应用型人才需要依托应用型高校的教育教学，因此要提升应用型人才的水平和质量，必须改革应用型高校的教学模式。

一、应用型高校教育教学模式改革的原则

应用型高校的教育培养目标是应用型人才，而应用型人才必须具备的基本能力就是具有实践性，体现在高校教学过程中就需要在各个教学环节凸显和贯彻实践性原则，即教学目的的实践性、教学内容的实践性、教学方法和教学过程的实践性，具体如图4-2所示。

教学内容的实践性
技术体系为核心，理论体系为辅助，围绕生产一线的实践需求设计

教学方法和教学过程的实践性
教学方法和实际职业、实际岗位、实际项目衔接；教学过程需要重视课程设计、实习课程、实训课程、等项目实战

教学目标的实践性
非认知性目标体系
· 实践性目标
· 参与性目标
· 体验性目标
· 技术性目标

应用型高校教学模式改革原则

图 4-2　应用型高校教育教学模式改革的原则

（一）教学目标的实践性

应用型高校需要确定的培养目标是应用型人才，而应用型人才还可以根据其发展方向和社会需求，分为技术应用型人才、服务应用型人才、职业应用型人才、复合应用型人才等多个种类；按层次划分则可以分为技术应用型人才、知识应用型人才和创新应用型人才。因此，应用型高校的教学目标同样需要针对性细化，真正将教学目的落实到实际层面。

综合而言，应用型高校的核心教学目标是培养能够满足一线生产实际需求，具备灵活应用和熟练掌握基本专业知识及理论，且可以将专业知识和理论运用到实际工作之中，并具有及时发现问题、分析问题、解决问题的能力。

在不同种类的应用型人才培养过程中，需要针对性地调整教学目标的定位，如技术应用型人才必须拥有娴熟的技术和技能，强调的是实际动手操作能力，且能够根据已有技术和技能，对遭遇的实际问题进行创新性解决；知识应用型人才需要拥有深厚且宽广的基础理论知识，同时技术技能极为扎实，拥有一定技术开发能力和科学研究能力，能够针对遭遇的问题进行技术开发，推动技术应用层面的发展；创新应用型人才需要拥有深厚的专业理论和攻关，同时技术能力极为扎实，还要拥有勇于探索和创造创新的能力，能够通过已有的技术和理论进行创新，变相推动专业理论和知识的完善与发展，实现技术的融合创新和颠覆式创新。

从上述不同种类的应用型人才所需具备的能力来看，应用型高校在培养应用型人才过程中对学生的科研能力和学术能力不应过高要求，而应强调实际的动手能力和实际的解决问题能力。所以，教学目标的制定不能过分强调认知性目标，而应该强调实践性目标、参与性目标、体验性目标、技术性目标等非认知性目标，促使学生在学习过程中能够参与实践和拥有实际体验，通过实践和参与促进学生对行业、职业、岗位的了解。

在制定教学目标过程中，需要以实践性为教学的起点，并将实践性贯穿整个教学过程，同时以实践性为终点，在毕业前针对教学实践活动的效果、人才实践能力进行评价，从而推动整个教学改革体系向实践性目标靠拢。

（二）教学内容的实践性

普通本科教学主要强调的是理论教学体系，教学内容通常采用的是三段式模式，即先进行公共基础课教学，再进行学科和专业基础课教学，最后是专业课教学，整个教学内容逻辑性强且层次鲜明，只有严格按照理论知识的逻辑顺序教学，才能保证学生具备扎实的理论基础。虽然普通本科教学的内容也包括技术体系，但其中的技术教学主要是理论教学的补充和辅助，并非重点。

应用型高校教学则完全不同，其人才培养目标就是具备实操能力和技术能力的应用型人才，因此对技术教学体系极为重视。其在确定学科和专业的教学内容时，并非基于学科和专业内容，而是基于学科和专业对应的职业和岗位所需的工作能力，通过所需能力来构建对应的理论体系，并通过技术体系进行理论的应用和实操。

从上述区别可以看出，应用型高校必须采用实践性为导向的教学模式，甚至需要在各种理论教学过程中穿插对应的实践课程，以促使学生将理论知识转化为实操能力，且所有的实践课程都需要围绕服务于一线生产的实际需求来设计。整体而言，应用型高校的教学内容需要以实践课程为核心的模式，且实践课程的课时要远远大于普通本科教学中的实践课程的课时，甚至根据实际需求，将实践课程课时提升到与理论课程持平的状态。

（三）教学方法和教学过程的实践性

应用型高校的教育教学过程始终需要与生产实际紧密结合，强调的是教学过程中的能力发展性和技能生成性，因此也就更加重视课程设计、实习课程、实训课程、项目实战等教学环节。这需要良好的实践环境和实践氛围的支撑。

通常，高校作为教育机构，并不具备和生产实际紧密结合的实践环境和实践氛围。这就要求应用型高校能够重视产学研结合，与地方企业进行深化合作，依托行业和企业的实践环境，建立契合人才培养目标的产学研教学运行机制。比如：教学方法能够和实际职业、实际岗位、实际项目进行衔接，教学方法需要具备很强的弹性，既可以在企业的实际环境闲暇时进行实践教学，又可以在模拟实际环境的任何时间进行实践教学，通过灵活的教学将实践课堂延伸到任何实践环境和场地中。

二、应用型高校教学内容与方法的改革

应用型高校开展教学改革过程中虽然根据本科教育的基本要求进行了教学内容的完善，也在努力提升应用型人才培养目标的层次和水平，如：强化了公共基础理论教学、完善了学科和专业体系、加强了学生的能力培养、重视了实践教学活动，但改革的力度和深度还有待加强。

在这样的状况下，应用型高校必须对教学内容与教学方法进行针对性改革，具体可以从以下两个方面着手。

（一）综合层面的改革策略

要彰显应用型高校的教育特色，就需要从综合层面对教学内容和教学方法进行改革。

首先，需要调整原本的先基础课程后专业课程的策略，将基础课程和专业课程的改革协同推进，以保证两者的教学内容能够前后呼应、逻辑顺畅。

其次，需要强化对教学内容和教学方法的技术性重组，即以培养学生的技术能力为核心，对课程体系进行重构，所有教学内容和教学方法都需要以技术知识和应用技能为核心，通过教学内容和教学方法的技术性重组来实现对学生技术能力的培养和实践能力的锻炼。

再次，需要在教学内容和教学方法中强化理论和实践的结合。教学内容需要融合与社会实际工作岗位紧密联系的理论知识、技术内容和实践内容，教学方法则需要积极构建模拟实际工作岗位的实践或实训环境。

最后，应用型高校的实践教学需要以技术应用能力的培养为核心，紧密结合教学内容中理论知识的阶段性和层次性，以促使学生将理论

知识内化为自身能力；需要保证实践课程的时间和数量，以便推动学生熟练运用各种技术，形成属于自身的实践技能。

（二）具体课程内容的改革

应用型高校教学内容和教学方法的改革需要重视课程内容，并按照应用型教育的基本要求进行相应的改革和完善。

在基础理论课程方面，不仅需要高校结合自身资源特性、学科和专业特性制定对应的教学目标，还需要结合专业课程的特征和内容，选择能够成为专业课程基石的理论课程内容。也就是说，在确定基础理论课程过程中，需要以专业课程内容为导向，使基础理论课有效为学生建立完善的知识结构服务。

专业课程内容也需要进行相应的改革，不仅要紧紧围绕应用型人才培养的目标进行完善和调整，还要针对不同学科和专业的对应行业和职业岗位的能力需求来确定专业课程的内容，以便专业课程内容能够与对应行业的能力需求相匹配。

三、应用型高校教学体系的搭建路径

应用型高校教学改革需要从搭建完善的教学体系着手，推进教学改革的效果呈现，实现培养应用型人才的培养目标。就应用型人才特点而言，应用型高校的教学体系搭建需要以应用和实践能力培养为重心，从完善教学运行体系、完善系统理论教学体系、完善实践教学体系、构建素质拓展教学体系、依托地方构建产学研结合教学体系5个层面着手，高校所处立足最终地方特性和社会经济需求，依托行业发展和社会企业，促进高校教学改革的实施，具体如图4-3所示。

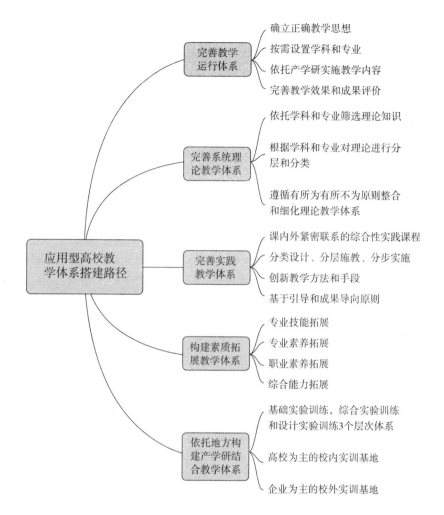

图 4-3　应用型高校教学体系构建路径

（一）完善教学运行体系

良性循环的应用型人才培养体系需要具备完善的教学运行体系，其中包括高校教学思想的确立、学科和专业课程的设置、教学内容的实施、教学效果和成果的评价等环节。

1. 教学思想确立

应用型高校必须改革过去单一的教学型模式，重视高校教学体系中存在的偏重理论教学、忽视实践能力培养等问题，从思想层面突破传统路径，转变教学理念，以培养应用型人才为核心，构建产学研一体化的教学运行机制。

2. 学科和专业课程的设置

高校要根据自身发展模式、学科专业优势、地方经济对专门人才的需求等因素，设置科学合理的学科和专业，并以此为依托，以学科和专业的带头人和骨干教师为主要力量，打破高校内部院系行政机构的界限，充分利用高校现有的学科和专业的智力资源，支撑对应课程的教学。

3. 教学内容的实施

按需设置对应的学科和专业后，高校还需要确保教学内容的实施。具体而言，可以从 3 个方面推进。

第一，高校需要针对学科和专业的培养目标需求，建设具备综合功能和开放性的实训基地和实验室，以便推动教学、实验、科研开发、技术实训，促进师资力量完善和学生应用能力的提高。

第二，高校需要在保证教学的基础上，根据地方和企业发展需要进行应用技术研发，为地方和企业提供技术咨询和技术应用服务，以便推动高校和企业的深入合作。

第三，高校可以和企业合作构建人才培养模式改革的示范场所或基地，推动其成为应用型技术成果研发和转化基地。基地可以参照企业运行机制进行管理，促使学生能够在实训过程中深刻了解企业运行模式和岗位工作需求。

4. 教学效果和成果的评价

在上述运行机制构建完善的基础上，高校需要制定和实施教师教学规范、教学管理细则、理论教学规范、实验课教学规范、毕业设计工作规范、毕业实习工作规范，并匹配对应的评价标准。需要注意的是，评价标准需要适时更新，并广泛听取企业对毕业人才的反馈意见，建立科学的成果评价标准。

比如：依托教学监督检查制度，形成完善的教学质量监控体系；依托评价标准建立教学奖惩制度，形成教学效果和成果评价反向推动教学改革和教学质量提升的循环路径，不断提高教学成效和人才培养质量。

（二）完善系统理论教学体系

应用型高校教学过程中涉及的理论知识内容需要满足少而精的标准，构建和完善理论教学体系时，需要针对应用型人才培养目标进行全方位研究，根据不同的学科和专业特性，在总体上筛选出培养应用型人才所需要掌握的理论知识，并根据学科和专业特性对理论知识进行分层和分类。之后遵循有所为有所不为的原则，对所有理论知识进行课程整合和细化，构建出完整且系统的理论教学体系。

需要注意的是，理论知识既要满足社会和企业发展需求，有效夯实学生的理论基础，并推动学生形成清晰的理论知识结构，又要满足学生综合素养的培养，为学生的可持续发展奠定扎实的基础。

（三）完善实践教学体系

第一，应用型高校培养的是具备应用能力和实际动手操作能力的应用型人才，因此需要着力完善实践教学体系，围绕社会和经济发展对实践能力的要求，构建课堂内系统、课堂外实训、内外紧密联系的综合性实践课程。

第二，应用型高校可以根据不同学科和专业对应的行业和企业对实践能力的需要，以及人才多层次多元化特征，构建分类设计、分层施教、分步实施、必修和选修相结合的实践教学体系。

第三，在教学过程中，教师应重视实践教学方法的创新，基于引导和成果导向的训练原则，激发学生对专业的学习兴趣，并结合实践和实训培养学生的实践动手能力。

（四）构建素质拓展教学体系

进入 21 世纪以来，经济全球化发展以及知识经济时代的来临，整个社会和经济都对应用型人才提出了更高的要求，即应用型人才需要具备良好的综合素质和极强的适应力，如此才能够满足社会不断发展的需求。

这就要求应用型高校在构建和完善理论教学体系、实践教学体系的基础上，构建和完善素质拓展教学体系，其中涉及专业技能的拓展，也涉及专业素养和职业素养的拓展，还包括社会综合能力的拓展，如：学生身心健康、道德品质、精神气质的陶冶等各个方面，从而推动学生全面提升综合素质。

高校学生的素质拓展教学可以通过各种灵活的教学形式开展，如：针对性实行专项培训和专业证书教育，提高学生的技术开发能力和专业应用能力；通过实践教学和项目实训促使学生在实践过程中提高综合素质，包括职业素养、团队精神、沟通能力；通过举办各种科技活动、文化活动、综合性技能竞赛，促使学生在实践中融合理论和技能，提高学生的交往能力和团队协作能力。

（五）依托地方构建产学研结合教学体系

应用型高校的教学体系的改革和完善，尤其是学生实践能力的培养和形成，必然要依托地方和行业，通过高校与地方和企业的深入合作，构建产学研结合的教学体系。

产学研结合的教学体系构建需要高校和地方、企业共同协作，构建以实训为核心的跨院系、跨行业的基础性实验基地或专业实训教学基地，以基础实验训练、综合实验训练和设计实验训练 3 个层次为主，在提高学生实践能力的同时培养学生的开拓创新精神。

具体的构建措施可以从以下两方面着手。一是以高校为主，通过建设实验室、校内实习工厂、校内实训基地，充分发挥应用型高校的实践优势和技术优势，促使教学过程中学生的技术应用能力能够分梯次地顺利提升。另外，以高校为主的实训基地还要注重科技研发能力的培养，以推动科研成果快速向实际应用转化。二是以地方或企业为主。高校和地方、企业合作建立校外的开放性产学研实训基地，要有效利用社会资源来推动应用型人才的培养、科研成果的转化，促成多方共同发展。比如：挖掘地方和企业中的专家、高级技师担任高校的兼职教师，承担基地实训的课程教学和指导工作；鼓励校内优秀教师进入企业挂职锻炼，提升实践工作能力。

第三节　应用型人才培养导向下的校企合作教学模式

高校培养的应用型人才必须要满足 3 个关键要求：一是符合社会和经济发展的实际需要；二是必须具备出色的实践能力和动手操作能力；三是拥有一定的职业精神和职业道德。要满足上述 3 个要求，必须构建完善的校企合作教学模式。这是社会和经济发展对人才培养的诉求，也是国家发展的战略要求。

一、应用型人才培养导向下校企合作的特殊性

在应用型人才培养导向下，应用型高校的校企合作具有其一定的特殊性，尤其是因为应用型高校和学术型高校、高等职业院校的人才培养规格有所不同，在国家教育体系中的位置有所不同，所以其实现人才培养的侧重点也有所不同，具体如图4-4所示。

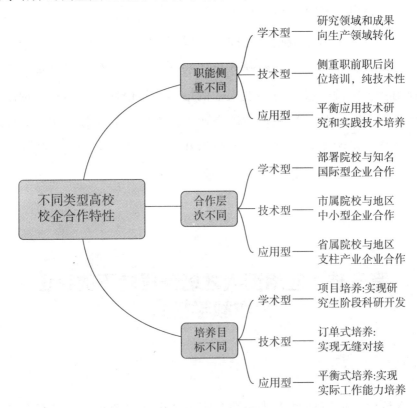

图4-4　应用型高校校企合作的特殊性

（一）高校的职能侧重决定了校企合作的重点

校企合作对人才培养的影响巨大，虽然这适用于不同类型的高校，但因为不同类型高校的职能侧重有所不同，所以校企合作的重点也有所不同。

学术型高校的教育职能侧重培养科学研究和学术研究的学术型人才，因此校企合作的重点会更加偏向研究领域，通常会通过科研成果向生产领域的转化来实现，最为常见的是依托行业领先水平的研发项目使高校和企业共同参与研究开发，高校提供智力支撑和研究，企业则推进相关技术的转移和转化。

高等职业院校的教育职能侧重培养纯技术型人才，因此校企合作的重点更偏向职前职后岗位培训，注重的是教学过程和岗位的契合性。通常，高校和企业会成立以相关专业人士为主的专业委员会，企业可以全方位、直接介入高校的教学过程中，包括专业培养目标的界定、教学计划的制订、课程开发和教材的编写、实践教学基地的建设和实践项目的推进，目的是通过企业全方位参与提高人才的社会适应性，满足社会和企业对纯技术型人才的要求。

应用型高校则介于上述两种院校之间，其教育职能属于平衡应用型技术研究和实践技术培养。通常，高校为企业提供相关专业和行业的技术服务、技术指导、应用技术研究成果，企业则为高校提供实践教学场所、实践教学项目、实践教学指导。也就是说，此类校企合作实现的是整个行业和企业产业链的提升，在确保企业能够得到技术提升、新产品开发的同时，实现应用型人才的可持续培养，并促使地区中小型企业的整体提升和发展。

（二）高校的地区特征影响校企合作层次

高校的地区特征主要体现在招生范围和影响范围。学术型高校多数是部属高校，通常具备学科和专业的优势，招生范围是全国各地，且公共资金由中央财政拨款，因此与高校合作的企业均是知名国际型企业，在各自行业领域具备非常明显的优势，两者的合作层次最高。

高等职业院校通常属于市属院校，多数是为本地区小范围的经济发展提供纯技术型人才，因此在进行校企合作时，多数会和当地企业进行合作，不仅要适应地区的经济结构，还需要满足企业对技术能力的需求变化。两者的合作层次是最基础的，且合作方式通常是工读结合模式，学生可以在学习过程中多次进入企业进行实训，因此两者的合作程度较高。但是，因为不同地区的经济发展状况不同，所以校企合作的效果也有所不同。通常，经济发达且地方企业集中的地区，校企合作的成效显著，质量也高；经济欠发达且地方企业较少的地区，参与校企合作的企业较少，成效较差。

应用型高校通常属于省属院校，在经济较发达的大型城市和省会城市相对集中，其余则均衡分散在省内各地，因此成了不同地区的教育文化中心和科学技术服务中心。应用型高校所培养的人才主要为了满足该地区经济发展的需求，同时需要向周边地区进行辐射，向经济发达地区输送对应人才。其校企合作以扶持地区重点发展的支柱性产业为主，所以合作层次偏中等化，科技成果的转化和技术服务都和地区经济发展的程度息息相关。

应用型高校的校企合作除满足上述需求外，还应该放眼未来和全局，最佳的模式是高校和多家企业组成校企研究中心或基地，以便对同行业普遍遇到的技术问题进行深入研究，推动整个地区的技术发展和产业进步。

（三）高校的人才培养目标影响校企合作内容

不同类型的高校人才培养目标有所不同，这就造成校企合作的主要内容有很大差距。

学术型高校以培养学术研究人才为主要目标，且重点培养阶段是研究生群次，而本科教育多数是为后续研究生教育奠定基础，所以此阶段的校企合作主要是通识教育、基础理论训练，进入研究生阶段则会广泛参与校企合作的科研项目，通过科研项目来促进教学质量和企业高精尖技术的提高。

高等职业院校以培养具备娴熟实际操作能力和动手能力的技术人才为主要目标，旨在实现人才与企业的无缝对接，即学生毕业就能够进入企业独当一面。校企合作的模式和内容主要是订单式培养，学校的招生和企业的招工通常会统筹进行，即学生的入学和企业的人才需求息息相关，且两者的合作亲密无间，通常学生会在校内反复进入企业工作岗位进行实训，基础知识、专业知识都与实践紧密联系，实训内容和所学内容紧密结合。

应用型高校则以培养多样化应用型人才为主要目标，人才匹配方向极为多样，主要方向是在高新技术产业链中能够促进研究深化，推动生产工艺水平提高，促进营销管理水平攀升的研究开发型人才、工程技术应用型人才、集成创新型人才。

综合而言，应用型高校培养的应用型人才介于学术研究型人才和纯技术型人才中间，需要平衡实践能力和科技研发能力，重视的是实际工作能力，而不是纯粹的操作能力和学术研究能力。针对上述要求，应用型高校校企合作的内容主要是将学科知识与实际工作进行结合，逐步培养学生的研究开发、设计制造、营销管理等各种实际工作能力。这种高要求就造成校企合作过程中双方必须及时更新技术体系和理论知识体系，且需要逐步培养学生具备掌控行业发展现状和未来技术发展趋势的能力，最终成长为行业和企业中的技术骨干力量。

二、应用型高校校企合作的教学模式分类

随着应用型高校校企合作的发展，针对不同的实践路径呈现出多样化的教学模式，其方式和内容设计灵活多变，可以有效实现多样化应用型人才的培养目标，以满足社会和经济发展对多样化人才的需求。具体校企合作的教学模式如图 4-5 所示。

旨在提升教育
教学水平和质量

- 企业受邀参与完善教学体系
- 企业派遣兼职专业技术教师
- 校企联合建立实训基地
- 企业为高校提供实训场所

旨在提升
科研开发能力

- 主要形式是校企合作建立研究中心

旨在实现产学
深度结合

- 高校鼓励教师走出去
- 多方协作，推动企业走进来

旨在提升
行业服务能力

- 第一实习学期：加深知识了解和岗位适应
- 第二实习学期：完成实习任务或项目，培养实践能力和职业道德

图 4-5　应用型高校校企合作的教学模式分类

（一）以提升教育教学水平为目的的校企合作

此类校企合作教学模式的主要目标是有效提升高校的教育教学水平和质量，通过强化师资力量、创新教学方式、提高实践教学比例来达成。

具体有 4 种形式：一是高校诚邀合作企业的专家和技术骨干参加高校的专业委员会，为对应专业的教学计划制订、教学内容确立、教学方法创新等提供专业意见；二是企业向合作的高校派遣专业技术人

员作为兼职教师，为学生提供实践教学的指引和实践能力的培养；三是高校和企业联合建立实训中心或实训基地，通过多方合作的形式搭建平台，提高学生理论结合实践的能力，有效提高教学质量；四是企业为高校提供对应的实习场所或实训场所，通过企业实际工作来有效推动学生职业素养和实践能力的提高。

（二）以提升科研开发能力为主要目的的校企合作

此类校企合作的教学模式是以行业或企业急需技术项目为依托，高校和企业针对该技术项目进行校企合作，最终的目的是通过高校为企业提供智力支撑，推动项目的技术突破，完成科研开发。在此过程中，学生可以通过实践参与来完成理论与实践的融合和转化。

（三）以提升行业服务能力为目的的校企合作

行业服务能力就是人才进入与所学专业匹配的行业中，完成工作任务和进行实际工作的能力。

此类校企合作的教学模式需要高校基于工作岗位进行教学活动，可以将阶段性学习划分出两个完整学期进行企业工作实训。第一个实训学期主要通过学生进入企业实习来加强学生对学科和专业基础理论知识的理解，并逐步掌握本专业基础技能，了解企业的管理和工作模式，培养学生的职业素养。

第二个实训学期主要是培养学生的实际工作能力，可以根据专业需求和工作岗位需求，由企业向学生派发对应的专业任务或项目，并提供具备足够经验的专业人员或经营管理人员予以指导，促进学生完成任务或项目，即学生在此过程中是实践学习，也是真正参与实际工作。企业需要给予实习和具体工作的学生对应的工作报酬，并在此过程中提高学生的职业道德水平。

（四）以实现产学研深度结合为目的的校企合作

此类校企合作的教学模式以提高产学研结合为最终目的，即满足学习和应用能力培养、应用技术研究开发、科研成果向生产转化。具体为以下两种。

一种是高校走出去，即应用型高校鼓励教师和专业研究人员脱产挂职，或者利用业余时间兼职在企业工作，为企业提供对应的专业技术咨询服务和专业技术指导。通过这种手段将运用于企业的实际应用知识带回课堂，一方面可以提升师资质量，教师能够通过切身实践为学生提供理论与实践结合的案例，另一方面能够为企业的科技研发提供思路和引导。

另一种是企业走进来，即应用型高校要在地方鼓励和推动下，根据企业的切实需求，安排学生参与到企业的应用技术开发项目或工作项目中，通过学生完成与企业需求密切相关的毕业设计的方式来推动学生发挥主观能动性和自主研究能力，切实解决企业在实际中遇到的生产或技术问题。

这种校企合作的教学模式能够有效实现产学研结合，达到高校、学生、企业的多赢效果。

第五章　应用型人才培养导向下的高校教师发展模式

第一节　应用型人才培养导向下的高校教师
发展状况

　　高校教师的发展是高等教育教学改革过程中非常关键的环节，教师作为教学改革措施的具体执行者，其发展模式和水平都会影响教学改革的执行效果，且随着高等教育教学改革的推进和深入，教师的发展模式已经成为多方关注且重视的焦点和核心。

　　从一定程度上而言，高校教师的质量决定了高等教育的教学质量。在社会和经济的发展对应用型人才提出更高需求和更高要求的时代背景下，只有有效促进高校教师的发展，才能够从根基上确保高等教育教学改革的快速推进和教学质量的快速提高。

一、应用型高校教师发展政策情况

　　进入 21 世纪，推动高校教师发展的政策出现了新的趋势。2014 年，中华人民共和国教育部发布了《教育部关于实施卓越教师培养计划的意见》；2018 年 2 月，中华人民共和国教育部等五部门联合印发了《教师教育振兴行动计划（2018—2022 年）》；2018 年 9 月，中华人民共和国教育部发布了《教育部关于实施卓越教师培养计划 2.0 的意见》；2021 年 3 月，第十三届全国人大四次会议表决通过了《中华人民共和国国民经济和社会发展第十四个五年规划和 2035 年远景目标纲要》，提出要建设高素质专业化教师队伍。

（一）教师发展政策的完善对教育体系的推进

数十年教师发展政策的不断发展和完善推动了高等教育教师的整体发展，对教育体系产生了三方面的推进作用，具体如下。

首先，促进了教师教育体系的完善。在教师发展政策的引领下，中国教师教育体系开始从传统教师教育模式向现代化教师教育模式转变，通过坚持教育性和学科性、师范性和学术性、学科专业知识能力和教育专业知识能力的统一，整合了教师专业教育和学科专业教育，建立起一体化、开放性的教师教育体系。

其次，促进了教师教育体制的改革。主要体现在培养体制的改革、管理体制的改革和经费体制的改革。通过建立开放性、一体化教师教育体系，使教师教育职前培养和职后培训开始逐步建立联系，推动了教师教育资源的进一步优化；通过教师发展政策的推动，逐步将教师教育纳入了规范化、法治化轨道；通过经费体制改革，实现了教师教育的和谐与均衡发展。

最后，促进了教师教育理念的转变和优化。这主要体现在三个方面：一是推动了教师教育从非专业化和半专业化向教师教育专业化转变；二是推动了较为封闭且一元化的师范教育向多元化且开放的教师教育模式转变；三是推动了一次性师范教育向教师终身教育的转变。

（二）教师发展政策的未来趋势

教师发展政策必然是随着时代的进步和教育改革的发展而产生变化的，随着中国高等教育进入普及化初级阶段，中国教师发展政策必然会出现新的变化和趋势，具体如图5-1所示。

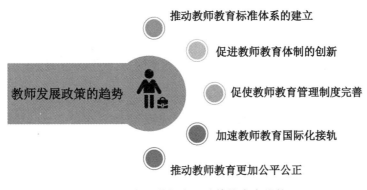

图 5-1　中国教师发展政策的未来趋势

1. 推动教师教育标准体系的建立

教师发展政策的不断推出和完善有效推动了中国教师教育标准体系的建立，不仅为中国教师的专业化发展指明了方向，为评价教师教学质量提供了依据，还为提高教师专业地位奠定了基础，为构建科学合理的终身教师教育制度打下了坚实的根基。

2. 促进教师教育体制的创新

教师发展政策的完善会不断推动原本教师教育体制中不适应时代需求和发展要求的部分内容改革，并根据社会和经济的发展需要，以及培养未来人才的需要，对教师培养模式、师范院校转型、教师教育形式、教师教育资源优化等各个层面进行创新引导，构建契合社会需求的教师教育体制。

3. 促使教师教育管理制度完善

随着时代的变化，人才培养多样化趋势会推动教师教育的多样化发展，教师教育的多样化发展则会推进教师教育管理制度的不断改革，最终突破原本的直接管理和学校管理模式，令教师教育管理制度更加契合社会需求。

4. 加速教师教育国际化接轨

随着经济全球化的不断推进，教育国际化已经成为必然的发展趋势，这就要求通过教师发展政策去优化配置教育资源和教育要素，通过培养更多的教师人才来推进符合国际发展需求的人才培养，从而实现国家人才的国际竞争力的快速提高。

5. 推动教师教育更加公平公正

实现社会公平的一项基础要素就是实现教育公平，而教师教育公平公正则是实现最终教育公平的重要保障。通过教师发展政策的引导，教师的师德、行为、态度等会进一步规范，这对推动教育教学的公平公正具有极为积极的作用。

教师发展政策面向的是国家各个层次的教师，应用型高校教师的发展同样被涵盖其中，而整个教师发展政策的变化和完善必然会推动应用型高校教师的发展趋于完善。

二、应用型高校教师专业发展支撑状况

应用型高校教师的专业发展需要软件、硬件和人员等三项关键要素的支撑，其中的软件指的是应用型教师发展理论，硬件指的是应用型教师专业发展组织，人员则指的是教师来源。

（一）应用型教师发展理论的完善

中国的应用型高校教育体系发展时间较短，因此多数教师发展理论的研究集中于学术型高校。另外，应用型教师发展理论的研究多数是从经验层面进行，偏向表面化，不够深入和透彻。这就要求研究者必须关注应用型高校的教师发展状况，结合社会和经济的发展对应用型教师的诉求，针对性地提出应用型教师发展的理论；在教师发展理论研究层面，也需要注重以应用型高校为参照，深挖应用型高校的发展和改革情况，架构对应的应用型教师发展理论体系；借鉴国际上应用型教师发展理论较为完善的内容，通过研究其中共性的理论核心，

针对中国应用型高校发展模式和效果，构建具有中国特色、契合中国应用型高校教师发展的理论架构。

（二）应用型教师专业发展组织的构建

有效推进教师发展，需要高校根据自身不同类型、不同层次，构建对应的校本教师专业发展组织，最终形成各层次、各类型教师专业发展组织体系。比如：根据高校自身的实际需求，组织开展各种高校教师发展活动和交流，促进校际之间教师发展活动的合作，提升高校师资队伍的质量。

（三）应用型教师的来源拓展

2006 年，随着中国高等院校在校生数量不断攀升，为提高高等教育的教学水平和教学质量，中华人民共和国教育部制定了《普通本科学校设置暂行规定》。其中对普通本科学校的师资队伍情况进行了设置标准要求，大致总结如下：普通本科学校应具有较强的教学、科研力量，专任教师总数一般应使生师比不高于 18：1，兼任教师人数应当不超过本校专任教师总数的 1/4；专任教师中具有研究生学历的教师数占专任教师总数的比例应不低于 30%，具有副高级专业技术职务以上的专任教师人数一般应不低于专任教师总数的 30%；称为大学的专任教师中具有研究生学历的人数比例一般应达到 50% 以上，其中具有博士学位的专任教师占专任教师总数的比例一般应达到 20% 以上，具有高级专业技术职务的专任教师数一般应不低于 400 人，具有正教授职务的专任教师一般应不低于 100 人。

在该政策引导下，应用型高校教师中具有研究生学历的比例逐年攀升，大量高层次人才开始被充实到应用型高校中，对高校师资队伍的合理构建和高校的可持续发展起到了保障作用。但相对而言，教师中满足双师型教师的比例尚存在不足，尤其是满足具备丰富行业企业专业实践经历、具备应用实践能力的教师数量还有待提高，这就需要从教师的来源进行适当的拓展，具体可以从以下3方面着手。

1. 完善专业学位研究生培养制度

在应用型高校中，直接毕业于高等院校且具备研究生学历的青年教师比例很高，但多数属于直接从高校毕业就进入高校进行任教，应用教学经验较为匮乏，实践经验也比较少。这主要是因为专业学位研究生培养制度还不够完善。

总体来看，应用型高校专业学位研究生的培养制度需要从两个角度进行制度完善。

一个角度是先天补足，即从研究生人才的培养过程着手，针对性地培养研究生人才的实践性和职业性，加强研究生人才在社会和企业中的实践，从根源上提高研究生人才的实践能力和应用能力。

另一个角度是后天完善，即在研究生人才成为应用型高校教师后，高校还应该匹配性地建立教师培训制度，根据行业和经济的发展状况，鼓励青年教师深入企业和行业之中进行实践培训，接受行业和企业的历练，丰富经验并培养对应的实践能力，推动青年教师的能力体系更加完善。

2. 充分挖掘业界优秀人士，转变为兼职教师

应用型高校的师资队伍完善需要企业界优秀人士能够成为高校的兼职教师，充分发挥其丰富的行业实践经验和工作经验，以便为应用型人才的培养提供实践领域的分享，这样才能够从根源上拓展应用型教师的来源和结构，使高校和企业真正实现共赢发展。

这需要地方政府从制度和政策层面给予大量支持，包括业界优秀人士转变为兼职教师的职称评审、身份转换措施和制度。通过制度和政策的支持，为业界人士转化为兼职教师提供扎实的保障，推动业界精英的流动，真正成为应用型高校必不可少的双师型优秀教师。

3. 排除万难，推动应用型高校教师的转型

教师是应用型高校的基础与核心，是培养应用型人才的主要执行力量，因此应用型高校的发展和教学改革必须以教师发展转型为根基，即应用型高校的教师需要以匹配应用型教学能力、应用型科研能力、应用型实践能力为核心，推动教师的转型。具体做法如下：

一是从应用型高校的发展角度改变应用型教师转型的观念和意识，尤其是一些从研究型高校毕业后进入高校成为应用型教师的人才，其研究型思维会随之成为教师教学过程中的潜在观念和意识，对应用能力的认可度不够。这需要从地方政府到高校，均转变对应用能力的认知，推动教师转变自身观念，使其积极主动进行应用能力的培养和提高。

二是从应用型高校的办学定位着手，将应用型人才培养的目标定位贯彻到教育教学过程中，从校园氛围到教学环境均积极构建转型所需的气氛，潜移默化地改变办学理念，推动教师整体应用素质能力的提高和发展。

三是积极探索新兴专业教师培养路径。应用型高校的发展需要与地方社会和经济的发展紧密联系，因此及时根据社会和经济发展需求设置和调整应用型新专业，引进新兴专业教师，才是保证应用型高校可持续发展、推动地方经济快速提高并逐步形成支柱性产业的重要方向。这需要高校能够积极和企业、市场进行沟通联系，以企业和市场专业人士对行业发展趋势和产业结构调整格局为依托，构建应用型新兴专业，并匹配对应的新兴专业教师，从长远布局角度优化教师结构和教师质量。

三、应用型高校对教师发展的支持力度

参考国际应用型高校教师发展的具体模式，可以将其分为五大类，分别是个人主导模式、政府主导模式、学会主导模式、高校主导模式、院系主导模式，其中较为成功的教师发展模式为高校主导模式和院系主导模式，即通过高校和院系对教师发展的大力支持来推进教师发展。从实际情况看，中国应用型高校要提高对教师发展的支持力度，需要从5个方面着手，具体如图5-2所示。

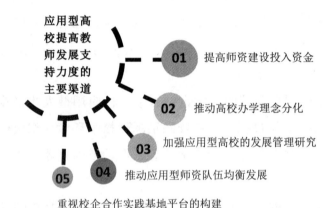

图5-2　应用型高校提升教师发展支持力度的渠道

（一）提高师资建设投入资金

应用型高校的教师发展需要高校和院系为其提供大量的资源供应和支撑，其中包括教师发展活动开展所需要的资金投入、服务支持、时间保证，每项资源因素对教师发展都有极为重要的推动作用。

多数应用型高校所处地区并非经济发达区域，经济发展状况在很大程度上影响着地方政府对高校的资金投入。通常，政府给予高校的发展资金会被应用于硬件建设，而忽略了软件建设，这就造成在教师

发展方面的资金投入较少。

　　针对这样的情况，地方政府可以根据高校的发展情况、高校可以根据自身发展的目标和路径，有针对性地调整资金分配，在保证高校硬件建设的基础上，给予教师发展足够的重视，提高教师发展投入的资金，确保教师发展能够有条不紊地持续进行。

　　另外，高校需要在服务支持和时间保证方面灵活运用，尤其是积极给予高校教师必要的咨询服务，给予教师更多的进修和培训机会，给予教师足够进行专业发展和提升的时间。

（二）推动高校办学理念分化

　　高校的办学理念包括高校的教师发展理念和治学发展理念，其中教师发展理念包括对教师的基本认识和看法，这关系着教师选聘、发展机会、治学实践等方面，对教育教学质量的影响较大。

　　多数应用型高校的办学理念由于对应用型人才培养和应用型教师的认知不足，造成选聘教师的过程中片面追随研究型高校，选聘的教师的结构相对不均衡，实践能力相对不足，影响了对人才实际操作能力的培养；在教师发展方面也未形成以应用型教师培养为核心的理念，也就容易忽视为教师发展创造适合的高校环境和机会。

　　要改变这一现状，高校必须形成对应用型教师发展和应用型人才培养的精准认知，推动应用型高校的办学理念和研究型高校的办学理念分化，根据应用型人才培养的特征和教师发展需求，形成应用驱动高校发展的模式。另外，高校还需要在上述基础上形成个性化教师发展理念，鼓励教师向多元化、多样化趋势发展和成长，以便适应多样化应用型人才培养的教学需求。

（三）加强应用型高校的发展管理研究

高校的发展管理研究通常是有专门的研究人员运用特定方法对高校进行科学化研究，推动高校向更加科学合理的方向进行发展和管理。

应用型高校的发展管理研究，需要以高校自身特点、资源特征、所处地区经济发展状况为根基，以实践能力和实际情况为导向，针对改进高校管理和决策服务进行研究。这就需要研究机构能够以科学性和定量化研究为教师发展提供服务和支持，推动教师发展向经济发展需求、人才培养目标、教师个体化发展要求等方面靠拢，最终构建出独具特色的应用型高校。

要加强应用型高校的发展管理研究，需要从两方面着手：一方面，重视高校发展管理研究的实践功能，即通过关注研究实践功能来形成最契合高校自身发展的研究成果，有效推动高校将研究成果转化为实际效果，为高校的发展管理决策提供坚实的理论支撑；另一方面，需要专注于构建基于管理决策服务的高校发展管理研究体系，促使其功能精准化和实际化，有效为高校的发展管理决策服务。

（四）推动应用型师资队伍均衡发展

应用型高校的发展以教学为核心，以培养应用型人才为目标，因此需要构建科学、合理的应用型师资队伍。当前，多数应用型高校在师资队伍建设方面主要将重点集中在学科和专业带头人的引进和培养上，在构建应用型特色的教学团队方面力度不够，导致空有学科和专业带头人或学术带头人，使教学团队无法有效支撑教学成果和效果的实现。

应用型高校需要倾力投入，针对师资队伍梯队进行人才引进和团队建设，推动应用型师资队伍的均衡发展，通过建立健全科学的师资队伍合作机制、改革教学内容和教学方法、充分开发高校的教学资源、促进师资队伍进行教学研讨和教学经验交流等途径打造教学工作经验分享，以传帮带为核心的老、中、青结合的师资梯队，推动高校师资力量的整体发展，从而有效推进高校教学水平和教学质量的提高。

在此过程中，应用型高校需要根据自身特色进行队伍的调整，通过教师人才梯队的分层建设，形成国家级、省级、校级搭配的特色教学团队，以便推动应用型教师队伍的均衡发展。

（五）重视校企合作实践基地平台的构建

应用型高校的发展通常会和所在地区形成一种相互作用关系，从而形成高校与地方携手发展的模式。比如：高校将服务定位在地方发展方向，以培养能够推动地方社会和经济发展的人才为目标，通过人才解决地方所面临的各种具体问题。

这样的服务定位要求高校不断促进教师应用教学能力、技术科研能力的提高，只有教师能力达到，才能够培养出地方社会和经济发展所需的应用型人才。而要实现这一教师发展目标，高校必须和当地企业构建校企深入合作的实践基地平台，一方面满足学生进行实习、实训、实践的需求，另一方面为教师发展提供对应的实践锻炼平台，帮助教师提升实践能力。

完美发挥校企合作实践基地平台的效用需要高校和企业深入合作且彼此信任，如企业可以针对自身遇到的技术难点和项目难点，建立对应的攻坚项目，与高校深入沟通，推动优秀教师进入企业挂职锻炼，这不仅能够通过优秀教师的挂职有效推动攻坚项目的完成，解企业发展的燃眉之急，还可以通过平台的锻炼有效提高教师的实践能力，促成教师、高校、企业、人才培养多方共赢发展。

第二节　应用型高校教育教学中教师发展面临的挑战

进入 21 世纪以来，中国社会和经济的快速发展推动了高等教育的教学改革，同时随着经济全球化和知识经济时代的来临，外部环境快速变化对应用型高校的教师提出了更高的要求。应用型高校的教师在发展过程中不得不面临全新的挑战，其必须勇敢面对并主动迎击，通过自身的快速发展来满足和适应各方的新要求，以此推动应用型高校的教育改革。

具体而言，应用型高校教育教学中教师发展所面临的挑战主要体现在以下三个层面。

一、知识经济时代高校教育改革的挑战

随着社会和经济的快速发展，以及互联网技术的普及，基于信息技术的互联网开始向社会、经济、生活、教育、医疗等各个领域进行渗透和延伸，并形成了以信息产业为主导、以信息产品的生产和信息服务为主体的新经济模式，全球均步入信息经济时代。

在信息逐步形成全社会共享的基础上，信息经济开始与人的认知能力相结合，从而开始高效率地产生新知识，知识的汇总和新知识的大量产生推动着全球经济步入知识经济时代，这是一个以知识为基础、

以脑力劳动为主体的经济时代，也是农业经济、工业经济之后的另一个经济发展的关键阶段。

（一）知识经济时代的来临对教师提出的要求

知识经济时代最关键的就是创新能力，其为社会和经济的发展带来了无限生机。高等教育作为承担知识传播、创新意识培养、创造能力开发的关键环节，自然承担了更加重要的责任。

高校教师作为高等教育体系中关键执行者和知识传授者，在知识经济时代的背景下，也被赋予了更高的要求：高校教师在教学过程中不仅要传承知识和学习理念，促进社会知识体系的快速发展，还需要超越社会知识体系的范畴，积极培养出具备终身学习、不断发展、适应变化等能力的学生，使学生在面对新的经济发展机遇时能够及时做出灵活反应，并依托自身的超强适应能力和自主学习能力，推动自身的完善和不断成长。

加拿大政治学家托马斯·荷马－迪克森（Thomas Homer-Dixon）曾提出，知识经济时代所需要的是独创性，这是能够用于解决实际的、技术的、社会问题的理念。独创性不仅包括真正的新理念，即创新的理念，还包括虽不是非常新奇但很有用的理念，即有用的理念。①

在社会和经济发展对应用型人才提出更高需求和更高要求的知识经济时代，应用型高校的教学已经不再是单纯的学科和专业理论知识的传播和创造，这需要向多样化、多层次的方向进行拓展，需要教师能够在创新多样化教学形式的过程中满足社会和经济发展对人才创新能力培养的需求。

应用型高校的人才培养目标是培养具备更强适应性、更强专业应

---

① 李佳敏.跨界与融合：基于学科交叉的大学人才培养研究 [M].苏州：苏州大学出版社，2016：127-128.

用能力和更娴熟的实践操作能力的应用型人才，因此高校教师的发展就要以满足该目标为方向进行提高。

（二）知识经济时代对高校教学体系提出的挑战

知识经济时代的来临对高校教学体系提出了更高的要求，推动了高校的教育教学改革。具体来看，高校面临的挑战主要有以下三个层面。

第一个层面是对教学技术提出了挑战。进入知识经济时代，高等教育教学在技术层面将更加复杂，其包括和涵盖的范围将更加广泛，主要表现为需要以不断变化和发展的有效教学技术研究为基础，并通过创新教学技术的应用获取更多经验，以便推动教学质量的提高。

第二个层面是对教学内容提出了挑战。高等教育的教学内容不仅需要满足知识经济时代社会对人才所需具备的知识体系的要求，还需要超越社会需求，以前瞻性和预测性的洞察力丰富和引导知识体系的完善和发展，促使教学内容能够与社会完美衔接甚至形成引领。

第三个层面是对高校的教师提出了挑战。这一点主要表现在教学方法和教学形式方面，其核心是教师能力和发展方向契合社会的需求和时代的变迁。尤其是知识经济时代，社会对各种类型的人才需求推动着教师教学的发展变化，教师发展同时承担着推动教育教学改革的重要责任。

在知识经济时代，高校教师必须重新确定自身的专业地位。作为应用型高校的教师，应该促使自身能够通过教学手段和教学方法，教会或引导学生学会运用专业理论知识发现问题、分析问题、解决问题的能力；社会和经济发展的复杂性也使教师根本无法以一己之力完成高校教育教学目标，只有通过构建专业学习共同体，协同发展和提高，才能够实现教学能力和自身专业发展水平的共同提升。

（三）知识经济时代对教师发展带来的机遇

虽然知识经济时代的来临对应用型高校的教师提出了挑战，但这也是教师发展的最佳机遇。

一方面，知识经济时代的来临推动了应用型高校的教育教学改革，而改革的推进对高校教师提出了更高要求，教师必须适应这种改革变化，并积极投身于学习、发展、提升等活动中，不断加快提升自身的水平，以满足时代和人才对教师素质的要求。也就是说，知识经济时代正在快速推动高校教师的发展和提高。

另一方面，知识经济时代的来临加强了社会对独创性的认知，人们开始重视运用知识解决问题的能力。这种理念与应用型高校人才培养目标不谋而合，为应用型高校的教师指明了提升方向。应用型高校的教师需要积极主动转变传统教学理念，依托持续的专业学习和专业学习共同体的构建，实现教学水平、教学质量的提高，从而推动自身的快速发展。

二、多元化学生群体带来的教学挑战

进入 21 世纪以来，中国高等教育的规模扩张、高等教育进入普及化初级阶段，使各种不同社会背景、不同家庭状况、不同地域文化的适龄青年有了更多进入高校学习的机会，这就造成接受高等教育的学生群体具备了多元化特征。应用型高校属于中国高等教育阶段拥有在校学生数量最多的一类高校，面对多元化学生群体，其教学同样面临巨大的挑战，具体如图 5-3 所示。

图 5-3　多元化学生群体为应用型高校教学带来的挑战

（一）教育对象选择模式多元化带来的挑战

应用型高校是高等教育发展的必然产物，也是社会和经济发展对人才需求刺激的结果。其教育对象选择模式的多元化主要表现在两个层面。

1. 宏观层面

从宏观层面看，应用型高校是高等教育自我选择和社会选择造就的，是双向选择和双重作用下的产物。中国高等教育跨越大众化阶段进入普及化初级阶段，高校适龄青年毛入学率达到了 50% 以上，学生数量的大幅度增加要求高等教育必须拥有容纳对应人才和培养匹配人才的高校，于是广泛发展应用型高校成了高等教育发展路径上的必然选择。

另外，改革开放以来，中国社会和经济得到了长足的发展，尤其随着工业化进程和城市化进程的快速推进，社会对应用型人才的需求量大增，同时不断对应用型人才的能力提出更高的要求。为了满足社会和经济发展对应用型人才的需求，加快建设应用型高校，依托应用型高校培养大量应用型人才成为社会最迫切的选择。

教育对象选择模式在宏观层面的多元化使应用型高校的数量大增，承载的学生数量大幅增加，社会对应用型人才能力的要求也不断提高，这种数量和质量的双向压力给应用型高校的教学带来了巨大的挑战。

2. 微观层面

从微观层面看，接受应用型高校教育的学生属于选择的主体。由于学生在选择高校过程中存在一定的主观性和探索性，所以其作为选择主体最终会形成两种结果，一种是主动选择并进入选择的高校，另一种是被动选择并进入非主动选择的高校。另外，即使主动选择高校并进入其中的学生群体，也存在因为探索性造成的不适宜，从而再次根据高校的规定进行二次选择。

这种学生主体在选择上的多元性和复杂化给应用型高校的教学带来了巨大挑战，尤其是进行二次选择的学生群体，以及被动选择的学生群体，均属于主观上的选择方向和实际情况有偏差的情况，应用型高校应根据学生群体的特性给予适当的引导和指点，促使学生和高校相适宜。

事实上，除了学生拥有自主选择高校的自由，高校也有自主选择学生的自由，如通过招生范围的调整和招生手段的变化，选择对应的学生群体。这种高校和学生双向选择的模式进一步加剧了学生群体在选择上的多元化和复杂化，也给应用型高校的教学带来了更大的挑战。

（二）教育对象教育需求多元化带来的挑战

应用型高校的教育对象进入高校之后的教育需求常因为各种原因而有所不同，逐渐形成了学生群体的多元化教育需求，给高校教学带来了极大的挑战。

比如：对应用型教育并不了解的学生盲目选择了应用型高校，其教育需求带有极大的不确定性；为了能够匹配就业而选择应用型高校的学生，其教育需求主要针对就业机会和就业范围；为了继续进修而选择暂时进入应用型高校的学生，其教育需求更偏向于获得学术型高校类似的教育；对应用型教育了解较深，为了获得更多应用型能力主动选择的学生，其教育需求更偏向于获得应用型能力、实际操作能力、运用知识分析问题并解决问题的能力。

不同教育需求的学生群体构成了应用型高校中的学生架构，甚至同一所院校同一学科和专业的学生也具有不同的教育需求。这种多元化教育需求使不同的学生拥有了不同的教育期待，也使应用型高校在教学方面必须将各种需求进行考虑和筛选，针对性地进行化解和引导。因此，其对高校的教学提出了挑战。

（三）教育对象的多元化发展带来的挑战

进入应用型高校的教育对象通常是来自不同的地区、拥有不同的家庭环境、接受过不同的基础教育、受到了不同文化氛围熏陶、获得了不同的成长经历，因此不同的学生拥有不同的个性。这就造就了学生的多元化发展路径。

不同个性的学生，其心理特征不同、兴趣爱好不同、理解能力不同、接受程度不同，即每个学生都具有个性和特征，在各个方面都呈现出多元化特点。应用型高校的教学水平和教学质量的提高必然需要针对学生的不同个性采取不同的教学方式，这就给教学和教师带来了巨大的挑战。

另外，在不同的时代背景下，外部环境对学生的影响也会不同，极易产生时代不同、社会对人才的需求不同所带来的学生的多样化发展，这同样会对应用型高校的教学带来巨大挑战。

这就要求应用型高校在制订教学计划过程中科学分析学生群体的多元化特征，有效调整教学计划的适应范围，尽可能广泛地契合学生不同的发展需求。同时，教师在教学过程中应积极和学生进行良好的交流与合作，根据不同的发展需求实施不同的应用型教学，通过多样化手段有效提高学生的实践能力和应用能力，并引导学生形成自主学习意识，培养学生终身学习的理念，帮助学生在个性化发展的道路上越走越顺畅。

三、应用型高校与地区相互作用产生的挑战

任何高校都不是凭空发展的，都需要扎根于社会脉络之中。应用型高校培养的是满足社会和经济发展需求的各方面应用型人才，同样受社会环境的影响。

通常，应用型高校需要和地区社会产生相互作用，包括高校与地方政府、高校与地方社会、高校与地方经济市场之间的关系。应用型高校教师发展必须依托高校与地区社会的相互作用，这是教师发展的现实基础，也是教师发展的土壤。在高校与地区社会相互作用下，高校教师的发展面临很多挑战，具体体现在以下三个方面。

（一）高校与地方政府的相互影响带来的挑战

应用型高校通常都需要立足于地方，通过地方政府、地方经济、地方人力等各方面的支持，获得良好的生存和发展。同时，应用型高校所培养的应用型人才能够为地方社会和经济的发展提供智力支撑。不过，两者毕竟拥有不同的发展逻辑和发展理念，存在一定的冲突，所以两者的关系和处理关系的积极性将会影响应用型高校的具体发展速度和发展方向。一般而言，地方对高校的影响可以从高校发展角度和高校治理角度进行分析。

从高校发展角度看，地方政府对高校的支持是高校发展的必要条件，只有高校与政府之间形成回应需求机制，才能够得到更好的发展。

地方与高校之间的合作通常表现为通过沟通合作达成共赢，地方政府在政策、人力、物力、财力等方面对高校予以支持；高校在赢得发展的同时，为地方社会的发展、经济的发展、人才培养机制的构建等方面给予反馈，从而提高地方政府的收益，其中最重要的收益就是地方毛入学率的提高。

高校在发展过程中想和地方达成双赢的合作模式，必须改变原有的以自身为中心的发展思路，构建适应地方需求并谋得发展的机制，形成以地方为中心的发展理念，通过推动地方的发展来获得地方的支持。

从高校治理角度看，地方政府同样影响着高校的具体治理模式。通常，地方政府的角色定位、发展模式会对高校的人才培养定位、发展方向产生影响。在社会转型、教育改革的背景下，高校的教育管理逻辑通常会和高校的发展逻辑产生矛盾和冲突，这主要是由于教育管理明显滞后于教育实践，尤其是高校原有的由政府主导的管理体制很容易和教育实践、现实需求产生明显的落差和滞后。

在这样的状况下，地方政府需要及时调整和高校之间的关系，由原本的举办者和管理者转变为资助者、协调者和质量监督者，即需要厘清两者的合作框架和合作模式，构建新的合作关系，如此才能够实现共赢发展。

作为应用型高校的教师，需要在发展过程中主动适应高校和地方的改革方向，明晰自身发展定位和角色发展趋势，积极向应用型教师发展方向靠拢，有效提高自身的应用能力和实践教学能力，为高校和地方的发展贡献力量。

（二）高校人才培养与经济市场供求关系带来的挑战

随着社会和经济的快速发展，高等教育发展过程中的人才培养机制与经济市场的供求之间产生了供求不均衡、供求错位等问题。在高等教育开始大幅度扩招之后，快速增加的参与高等教育的人才数量、发展不够完善的人才培养规格，与快速变化的经济市场产生了供求结构上的相对不匹配。

尤其是进入 21 世纪以来，中国经济的快速发展，工业化、城市化进程的快速推进，都对应用型人才的数量和质量提出了更高的要求。

人才培养规格和经济市场供求产生矛盾，应用型高校就需要承担起必要的责任，需要根据地方社会和市场的需求做出合理的判断和科学的发展规划，并根据社会和市场需求进行有效回应。这就要求高校能够积极主动进入地方社会和市场之中展开调研和考察，以市场需求和经济发展趋势为核心，构建更加合理的人才培养模式。

作为应用型高校的教师，同样需要面对市场供求关系的变化和高校人才培养模式的调整，主动适应高校人才培养目标的变革，以及积极响应高校和市场对教师发展的独特要求，以便推动自身和社会发展相契合，在与高校共同成长的过程中，探寻最契合自身规划的发展模式。

（三）高校与社会双向参与机制带来的挑战

随着社会经济的发展，高校与社会之间紧密联系并共同参与人才培养，这是促进双方共同发展的前提。也就是说，高校在人才培养目标制定和自身发展过程中需要为社会提供人才服务，并积极与社会广泛合作，而社会也需要积极参与，一方面为学校输入人才储备动力，另一方面需要参与到高校的发展中，在人才培养目标制定过程中，加强彼此之间的合作，形成双向参与机制。

在这一过程中，高校可以通过为社会供应人才，为社会提供智力和人力资源服务，并广泛与社会合作来获得社会的尊重。此外，高校也需要承担对应的社会监督、积极响应社会对高校的要求，从而形成双赢发展的模式。

应用型高校的发展更是如此。高校在管理过程中有必要向社会进行一定程度的开放，吸收社会优秀人士参与到高校的发展和教学决策中，这样才能够通过社会参与加强高校与地方市场的联系，有效满足市场对人才的需求。

应用型高校的教师发展同样会在此过程中面临一定的挑战。为此，高校不仅要积极接纳社会应用型人才进入高校成为兼职教师，还要鼓励校内教师积极走向市场和进入企业挂职，培养自身的实践能力，获得必要的应用经验。

第三节　应用型高校教育教学中教师发展的路径探索

在应用型人才培养的整个过程中，影响学生发展的各种外在因素中最重要的就是教师因素，因此不论何种类型的高校、何种教育层级的高校，都需要重视教师的发展和教师队伍的建设。

随着中国社会和经济的发展对应用型人才提出更多的需求和更高的要求，应用型高校教育教学中教师发展的探索已经成为推动应用型高校快速发展并满足社会需求的重中之重。

一、应用型教师发展的专业素质理论完善路径

应用型教师的发展必须要有一个基本认识——只有明晰教师专业素质特征，才能够有针对性地推动高校教师向应用型靠拢，最终构建契合社会需求和高校发展的师资队伍。应用型教师的专业素质需要和应用型人才培养目标相匹配，即需要通过分析应用型人才的培养规格来反向推导出应用型教师发展的专业素质特征。

（一）应用型人才的培养规格

不同的学科和专业对应用型人才的能力要求有所不同，但综合分析，应用型高校培养的应用型人才必须符合共性的规格要求，主要有三方面内容，如图5-4所示。

广博深厚的知识系统
· 专业设置口径大，跨学科知识视野
· 基于实际需求，注重知识实用性和先进性

非智力因素取向的职业导向系统
· 团队合作精神和能力
· 对待未来职业的兴趣和热情
· 承受困难和挫折的能力
· 考虑问题的全面性和周密性

综合实用的能力系统
· 综合运用所学理论和知识的方法
· 具备终身学习和自主学习能力
· 拥有匹配行业的专业化实用能力

图5-4　应用型人才应符合的共性规格要求

1. 广博深厚的知识系统

应用型人才广泛的定位是行业专门人才，而非岗位专门人才，因此在培养应用型人才的过程中，学科和专业设置口径需要较为广泛，即满足应用型人才能够在某一行业范围内胜任多个工作岗位，满足该行业内对人才能力的需求。

基于上述要求，应用型高校在培养应用型人才时需要满足以下两方面的理论知识的培养：一方面，需要通过系统且扎实的基础理论知识构建学生广博深厚的知识结构，同时使其具备跨学科的知识视野；另一方面，从学生未来的实际工作需求出发，教学时针对性普及各种行业相关理论知识，此类理论知识要求的先进性和实用性，以便促使学生能够通过新颖的理论知识获得更加宽广的知识视野，以及较强的行业适应力。

2. 综合实用的能力系统

社会和经济发展对应用型人才的要求是以能力为本，尤其是随着科学技术的发展逐渐呈现综合化趋势，各种行业知识的更新速度也在逐步加快，这种时代特性对人才能力系统的发展影响极为深远。

应用型人才的基本特征就是能够快速适应实际工作需求，具备进入工作岗位即可上手的应用能力，因此高校在培养应用型人才的过程中必须要促使人才具备综合实用的能力系统。

具体的综合实用能力系统包括以下三方面内容：一是需要具备综合运用所学科学理论知识和方法，在实际工作中发现问题、分析问题并解决问题，同时需要具备娴熟的动手能力，可以推动解决方案的实施和执行。

二是需要拥有终身学习和自主学习的能力。应用型人才要满足社会和经济的发展要求，避免自身知识系统的老化和脱节，因此高校教育教学必须培养出重视学习方法、拥有良好自主学习和终身学习能力的人才，从而在进入工作岗位后能够不断自主学习，不断完善自己的知识系统，推动自身不断学习新知识，以此形成新能力。

三是需要具备专业化实用能力，即应用型人才需要获得对应行业的专业资格证书，满足专业应用的要求和实操能力标准。这就需要高校根据学生未来的行业和职业的技能要求，进行针对性技能训练和实践教学，有效提高学生的行业和职业实用技能，确保学生能够在进入行业和职业岗位后将专业化能力应用到工作中。

3. 非智力因素取向的职业导向系统

应用型人才进入行业和职业后的发展，一方面依赖人才个体的智能发展程度，另一方面依赖完善的职业导向系统。应用型人才的职业导向系统强调的是个体与未来职业的相关性，最主要的影响因素就是个体的非智力因素。

应用型人才的职业导向系统中的非智力因素主要包括团队合作精神和能力、对待未来职业的兴趣和热情、承受困难和挫折的能力、考虑问题的全面性和周密性。这些能力、精神、意识、热情均属于非智力层面的因素和内容，高校在培养过程中，尤其在实践教学和实训教学过程中，需要在学生进行实操和培养应用能力时，贯穿职业导向非智力因素的挖掘和培养，这样才能够培养出优秀应用型人才。

（二）应用型教师应具备的专业素质特征

应用型人才培养规格是应用型教师实施教学活动的方向和期望，即高校教师需要根据上述规格进行教学，培养具备匹配能力的应用型人才。要达成此目标，高校教师必须具备匹配的专业素质。

通常情况下，应用型教师的专业素质体系是由教师职业道德、教师知识系统、教师能力系统三部分构成的，如图 5-5 所示。

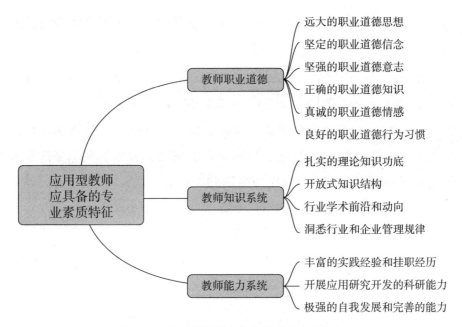

图 5-5　应用型教师应具备的专业素质特征

　　首先，应用型教师需要拥有身为一名教师必须具备的职业道德，即远大的职业道德思想、坚定的职业道德信念、坚强的职业道德意志、正确的职业道德知识、真诚的职业道德情感、良好的职业道德行为习惯。

　　其次，应用型教师需要拥有契合与匹配的应用型人才培养规格的教师知识系统和教师能力系统。因应用型人才培养规格的特殊要求，应用型教师的教师知识系统和教师能力系统具备了一些不同于其他类型教师的特征。

　　第一，应用型教师的知识系统特征。

　　应用型教师的知识系统需要根据应用型人才培养规格来拓展，如应用型人才需要具备的知识系统定位决定了教师自身的知识系统拥有以下四方面特征。

　　其一，应用型教师必须拥有扎实的理论知识功底，同时需要对所教授的学科和专业有充分的了解和整体把握，能够通过知识系统对学生的发展方向进行精准规划。

其二，应用型教师需要拥有开放式知识结构，能够通过不断学习和新知识的汲取来更新和深化自身的知识体系，确保自身的知识结构能够满足日益更新的行业体系知识和教学活动的需求。

其三，应用型教师必须能够对行业学术前沿和动向有深入了解。这需要教师能够和行业紧密联系，随行业的变化而更新学术理论体系。

其四，应用型教师需要洞悉行业和企业管理规律，了解特定行业的特定企业或职位对人才专业能力的特定要求，从而依托市场需求和岗位要求，有针对性地培养匹配的专业应用型人才。

第二，应用型教师的能力系统特征。

应用型教师的能力系统需要根据培养的应用型人才的实用化和综合性特征对应实用能力的培养和完善，即根据所培养的人才的能力特征，应用型教师的能力系统需要具备以下三方面的特征。

其一，应用型教师需要拥有非常丰富的实践经验和挂职经历，能够综合应用各种理论知识对现实问题进行分析和解决，从而可以在教学过程中为学生进行现场模拟或演示，助力学生应用能力的提升。

其二，应用型教师需要拥有较强的开展应用研究开发的科研能力。这需要教师对基础理论知识认识深刻，且对学科和专业的发展情况了如指掌，能够通过现实行业中所面临的问题和困难进行有效的科研开发，从而反哺自身的教学能力，引导学生形成专业科研开发的兴趣和能力。

其三，应用型教师需要拥有极强的自我发展和完善的能力，即在瞬息万变的市场环境下，善于接受新信息和新观念，通过自我学习能力来接受各种新知识，不断完善自身的知识结构，并形成对应的能力，使能力系统更加契合社会和市场的发展需求。这其中就包括教师能够快速运用新兴科学技术开展教学活动，有效提高学生的学习兴趣，并进行积极参与，培养自身的实用技能。

从上述应用型教师必须具备的专业素质特征看，应用型教师的发展取向就是注重知识和能力双重要求的双师型教师发展模式，即通过完善和构建专业知识、应用能力的双师型教师队伍来确保实现应用型人才培养的目标。

二、应用型教师发展的制约因素

应用型教师的发展取向是双师型教师模式，即教师在发展过程中既要重视基础知识和应用知识的学习和积累，又要重视培养和提高对应的学习能力、应用技能、综合解决问题能力。但在具体的发展过程中，双师型教师发展遇到了一定因素的制约，主要制约内容体现在两个方面，一是应用型教师发展的主观条件，二是培养应用型教师的客观条件。

（一）应用型教师发展的主观条件

应用型教师发展的必然取向是双师型教师，但发展路径上的一些主观因素令双师型教师的发展限制重重。

一是进入 21 世纪以来，中国高等教育经过仅仅 20 年左右的时间就已经从精英化阶段进入大众化阶段，更在 2019 年正式踏入了普及化初期阶段。在这一背景下，承载学生人数最多的应用型高校的入学人数大幅度增加，生师比呈现不断上升的趋势。

为了有效提高高等教育的教学水平和教学质量，2006 年中华人民共和国教育部在《普通本科学校设置暂行规定》中明确对师资队伍情况进行了设置标准要求，规定普通高校专任教师总数应使生师比不高于 18:1。

如此高的生师比使应用型教师承担的教育教学任务极为繁重，应用型教师在规划和研究自身向双师型发展的过程中显得力不从心。

二是现实高校中在推动应用型教师向双师型教师发展时，会以该取向规范所有应用型教师，即教师不仅要加强理论知识的学习，并不断获取新兴专业应用知识来完善自身知识体系，还需要理论结合实际，通过企业挂职和项目兼职实现对现实问题的发现、分析和解决。

这样规模化的高要求很容易造成一些教师在发展过程中无法形成有效的平衡，即知识习得和技能发展无法兼顾，从而导致教师每个方面均不够专业。最好的发展模式是筛选优秀应用型教师，针对性地进行培养和提高，以小批量培养和发展来逐步形成双师型教师的发展迭代。

（二）应用型教师发展的客观条件

双师型教师的大批量发展还存在客观现实条件尚不具备和完善的制约。从客观条件看，应用型教师向双师型教师发展主要依托先天条件和后天条件两方面内容，因此其制约也主要体现在这两方面，具体如图 5-6 所示。

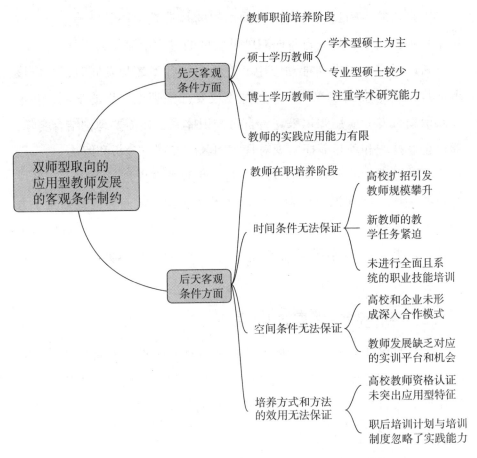

图 5-6　应用型教师向双师型教师发展的客观条件制约

1. 先天客观条件方面

教师发展的整个过程可以根据入职时间划分为先天阶段和后天阶段：先天阶段指的是教师的职前培养阶段，即教师入职前的高校学习阶段；后天阶段指的是教师的职后培养阶段，即真正成为一名教师后的在职培养阶段。

成为高等学校的教师，必须依法取得对应的教师资格，同时需要具备本科学历或研究生学历。随着研究生招生规模的不断扩大，如今高校教师的整体学历层次迅速提高，研究生学历的教师已经成为应用型高校的教师主体。

虽然应用型高校教师的学历层次得到了整体提高，但对应的教师专业素质并未得到提升，尤其体现在应用型教师的适应性方面。中国研究生教育阶段有两个层次，分别是硕士研究生和博士研究生，其中硕士研究生还分为学术型硕士和专业型硕士两类，这里的专业型硕士较为注重应用能力的培养，因此可以将其划分为应用型人才范畴。

学术型硕士和博士研究生则更加注重学术研究能力。其中，博士研究生中除部分特定专业外，如医疗类专业或工程类专业，其他大多定位为学术研究，也就是说其人才培养定位本就是学术型人才，人才培养过程中也是理论学习为主导的倾向。

进入应用型高校的具备研究生背景的教师多数为学术型人才，在职前教育阶段都是在高级学术型人才培养模式下学习，所以专业基础知识非常扎实，理论研究水平也非常高，但普遍缺乏应用型教师应该具备的实践应用能力。这就造成应用型高校如今的教师队伍应用水平和应用科研开发水平较低，根本无法真正支撑培养应用型人才的师资需求。

2. 后天客观条件方面

前面已经提到，应用型教师发展的后天客观条件主要指的是教师入职后的职后教育和培养。整体而言，应用型教师发展的后天条件主要有三个因素对双师型教师发展产生限制。

首先，时间条件无法保证。通常情况下，一名刚入职的新教师要想成长为教育教学方面合格的教师，必须给予其充足的时间进行较为全面的职业技能培训，并通过大量的实践来确保其教育教学能力的形成和完善，以便达到合格教师的基本标准和基本要求。

进入21世纪以来，中国高等教育的大规模扩招推动着高校教师的规模急剧膨胀。由于教育现状反向推动的教师规模的增加，所以相对而言新教师的教学任务同样紧迫。这就造成新教师的入职教育和职后培训分配的时间无法得到有效保证，从而令新教师无法得到全面且系统的职业技能培训，也就在一定程度上限制了应用型教师向双师型教师的过渡。

其次，空间条件无法保证。应用型高校的教师向双师型发展需要依托高校与对口行业和企业进行高效且通畅的深入合作。鉴于此，高校应鼓励教师进入企业进行挂职、走进实训基地进行实践能力锻炼。

但现如今高校和对应行业及企业间尚未建立生息与共的教育培育制度和平台，也就是说高校和企业之间的合作关系并未达到深入模式，而是流于表面或过分松散。这就造成高校和企业无法为教师提供发展所对应的实践能力和应用能力的空间条件，教师也无法依托对应的实训空间和平台接受对口行业应用能力的培训，自然就会影响其向双师型教师的发展。

最后，培养方式和方法的效用无法保证。高校教师的发展必须重视培养的方式和方法，只有恰当的培养方式和方法才能够确保教师发展事半功倍。虽然中国高校对从事教育活动的教师有明确的资格认证规定，即进入大学执教的教师必须通过高校教师资格证书考核后，才能正式获得高校教师身份，但资格证书的考核内容没有对不同类型教师进行具体的详细区别，这就造成无法在入职阶段对高校教师进行应用型区分，极易导致后续教师发展方向不明。

另外，在职后培训方面，很多应用型高校在制定对应的应用型教师培训制度和培训计划时多以理论知识提升为主要目的，而提升教师应用和实践能力的培训计划和制度都较少，易于导致教师无法在职后培训中补充和完善自身的实用知识水平和应用能力水平，从而使教师向双师型发展的路径受限。

三、应用型教师发展的路径选择

从上述分析可以看出，应用型高校的发展过程中受到各种条件的制约，应用型教师的双师型取向发展定位尚无法直接转化为现实，即将应用型教师的发展完全定位为，双师型发展模式并不契合客观条件影响下的高校教师发展态势，但应用型教师的发展又是提高对应人才培养质量的关键环节，因此必须寻找到既能促进应用型教师发展，又能有效弱化各种客观条件制约的路径。

既然在纯粹的双师型教师发展思路上存在较多限制，那么在探索应用型教师发展的路径方面，就应该转换思路并调整方向，从弱化制约、有效促进应用型教师发展的角度着手，才是建构应用型教师团队的最佳手段。具体可以从两个角度着手。

（一）从地方政府层面着手

应用型教师发展不仅是高校的责任，还是地方政府的职责，地方政府甚至会成为应用型教师发展方面的引导者和推动者。地方政府需要着力创立推动教师发展的良好制度环境，以便为应用型教师的发展提供制度保障和对应的机会。

一般而言，地方政府可以从两个方面推动应用型教师的发展。一是针对教师的职前培养，政府可以通过优化学制的方式将高级实用型人才的培养从硕士研究生层次提高到博士研究生层次，同时提高专业型研究生的占比，加大实践能力和应用能力的培养力度，为应用型高校的教师队伍提供高素质的后备力量。

二是通过地方政府政策引导高校和企业的深入合作，促进产学研平台的构建和完善。在此过程中，地方政府需要改变原有的政府办校理念，秉承监督为主、引导为辅的市场机制，在完善高校市场机制的基础上，引导高校和企业紧密合作。同时，地方政府可以针对性地出台一定的优惠政策，以提高社会企业参与高校合作的积极性，如：通过税收优惠、金融优惠、财政补贴等形式推动企业和高校进行深入合作。

（二）从高等院校层面着手

从应用型高校角度分析，高校在培养应用型教师、促进教师发展的过程中，应该改变面面俱到的发展要求，针对性地结合高校学科、专业特征和高校教师的特征来制订相应的教师培养计划，确定教师的发展定位。

1. 应用型教师发展方向探索

应用型高校的学科和专业的课程结构主要可以分为两大类课程体系，一类是理论类课程体系，另一类是实践类课程体系。不同的课程体系需要实现不同的教育教学目标，也需要不同的教育教学手段。同样，应用型高校的教师有不同优势和特征，其教育岗位可划分为两类，一类是理论教育岗，一类是实践教育岗。

理论教育岗的教师主要负责学生的专业基础课程以及专业方向课程的教学工作，教学的重点是提高学生的专业理论知识水平；实践教育岗的教师则主要负责学生的实践和应用方面课程的教学工作，教学的重点是培养和提高学生的实践应用能力和动手操作能力。

针对不同岗位的教师，需要制定不同的教师评价制度。对于理论教育岗的教师，需要注重通过考查学生所学专业知识的结构完整性、实用性、先进性进行评价；在应用科研开发评价方面，要凸显应用科研项目的基础性，引导理论教育岗的教师从事与理论知识课程密切相关的应用理论研究。

对于实践教育岗的教师，则需要注重通过考查学生综合运用理论知识的能力，以及其通过所学知识发现问题、分析问题和解决问题的能力，以此为标准进行评价；在应用科研开发评价方面，要凸显应用科研项目的实用性，引导实践教育岗的教师从事与应用能力培养课程密切相关的实践性研究。

因为应用型高校中绝大多数教师属于学术型教师，所以高校需要制定对应的激励政策，推动部分以理论见长但具备应用能力培养潜力的教师转岗；对于实践教育岗的教师，则需要适当降低理论知识评价的指标要求和科研评价的指标要求，以推动教师的均衡发展。具体到理论教育岗和实践教育岗教师的比例，高校应根据自身的发展情况予以调整。

2. 应用型教师发展模式的完善

在运用上述分岗培养推动教师发展的模式时，需要注重发展模式的完善和优化，基于的标准是理论教育岗教师和实践教育岗教师均不能片面强调能力培养，而是应该有主有次，如理论教育岗教师必须具备一定的实践能力和应用能力，否则就无法对行业或专业的发展现状、发展趋势进行深入理解；实践教育岗教师也必须具备一定的理论知识基础，否则就无法通过理论结合实际来体观实践能力和提高应用能力。

具体而言，应用型教师发展模式的完善可以从以下三个角度着手。首先，高校可以在校内成立应用科研开发项目组，将理论教育岗教师和实践教育岗教师组织到一起，促进双方的交流沟通与合作，通过对项目的攻坚来推动两种类型教师的齐头并进。

其次，高校需要有针对性地对自身所使用的教师在职培训方式进行改造，尤其需要改造原本单一化的将教师送往学术型高校进行理论深造的方式，可以和企业深入合作，出台对应的政策，支持和鼓励理论教育岗教师进入专业相关行业的企业进行现场观摩、顶岗学习、企业挂职派，以便有效提高理论教育岗教师的实践能力和应用能力；对于实践教育岗教师，可以通过针对性分析，鼓励在某理论知识方面有欠缺的教师进入对应的学术型高校进行相关理论知识内容的短期进修，以便提高教师的理论水平。

最后，高校可以和行业企业达成战略合作关系。高校教师所参与和完成的应用科研开发项目可以先行在企业进行试验，并通过企业平台进行改良、优化和产品转化，科研开发项目可优先给予提供平台的企业使用。

同时，企业可以就技术性难点或应用性难题，和高校共同组建攻坚组进行科研开发。这样，既可以依托教师扎实的专业理论知识尽快攻坚，又能够有效提高教师的实践能力和应用科研开发能力，促进教师的发展，甚至可以实现对技术难点或应用难题的突破，有效推动企业的发展和科研体系的完善。

参考文献

[1] 赵翔，张博.高校校园文化建设的多维度探究 [M].西安：西北工业大学出版社,2021.

[2] 柏昌利.大众化背景下的高等教育质量问题研究 [M].西安：陕西人民出版社,2008.

[3] 孟猛，宗美娟.应用型本科高校教育教学理论与实践 [M].吉林出版集团股份有限公司,2021.

[4] 赵树果，朱立光，张艳博，等.高校本科教育教学管理研究与进展 [M].武汉：武汉大学出版社,2015.

[5] 魏巍.高校教育教学管理理论与实践研究 [M].北京：中国纺织出版社,2018.

[6] 陈桦.创办一流教育的理论与实践探索 [M].西安：陕西人民出版社,2018.

[7] 肖念，孙崇正.高校教育教学改革的理论思考与实践探索 [M].北京：人民出版社,2010.

[8] 王任祥，傅海威，邵万清.应用型人才培养教学改革案例 [M].杭州：浙江工商大学出版社,2019.

[9] 叶时平.高级应用型人才培养的探索与实践 [M].杭州：浙江工商大学出版社,2018.

[10]浦爱华."五育并举"视域下高校应用型人才培养问题与对策研究

[D]. 大庆：东北石油大学 ,2021.

[11] 王伟 . 基于应用型人才培养的"双师型"师资队伍建设探讨 [D]. 青岛：青岛大学 ,2020.

[12] 周孟奎 . 民办高校基于行业导向的应用型人才培养研究 [D]. 厦门：厦门大学 ,2019.

[13] 段瑶瑶 . 应用型本科高校创新型人才培养模式研究 [D]. 西安：西安理工大学 ,2019.

[14] 程思 . 高校应用型人才培养大学生内生动力研究 [D]. 南宁：广西大学 ,2018.

[15] 卿灿 . 地方本科高校应用型人才培养质量影响因素的实证研究 [D]. 沈阳：沈阳师范大学 ,2018.

[16] 罗晓雯 . 地方本科院校应用型人才培养模式创新研究 [D]. 南充：西华师范大学 ,2018.

[17] 林琦芳 . 应用型本科院校校企合作的研究 [D]. 泉州：华侨大学 ,2013.

[18] 王青林 . 应用型本科院校教学改革研讨会召开 [J]. 中国大学教学 ,2005(9):17.

[19] 宋贝 , 林汉文 . 基于成果导向的应用型高校专本衔接职业教育教学模式研究 [J]. 高教学刊 ,2021(34):1-5+11.

[20] 姚晓辉 . 应用型高校创新创业教育与专业教育融合发展路径研究 [J]. 河南工学院学报 ,2021(5):59-61.

[21] 蒋大锐 . 应用型人才培养视域下高校创新创业教育模式研究 [J]. 创新创业理论研究与实践 ,2021(13):118-119+123.

[22] 李小贤 . 应用型高校人文素质教育三域协同体系研究 [J]. 河北广播电视大学学报 ,2021(3):95-98.

[23] 程碧英 . 转型高校应用型人才人文素质教育改革的优化路径 [J]. 内

江师范学院学报,2021(5):78-82.

[24]刘巍,熊英,李霞,赵炜.高校应用型人才的创新创业教育评价研究[J].创新创业理论研究与实践,2019(1):75-77.

[25]赵健.应用型高校开展地域文化教育的价值与方法[J].教育评论,2018(10):31-34.

[26]刘晓梦,王玲玉."双元制"教育对应用型高校职业技能鉴定机构的启示[J].智库时代,2018(38):129-130.

[27]余明光,邓前军.基于应用型人才培养的高校教育教学改革浅析[J].广东化工,2018(15):256-257.

[28]徐玲,刘瑞军.新媒体时代应用型高校学生理想信念教育方略探讨[J].职业技术教育,2018(23):59-62.

[29]赵慧玲.应用型高校教育理论课与实践改革探索[J].农家参谋,2018(10):197.

[30]王欣.应用型高校学生教育管理模式的创新[J].林区教学,2018(4):119-120.

[31]吴青玉,官玉琴.应用型法律人才培养中援助式诊所教育实证研究——基于地方高校开展实践教学情况调研结果的思考[J].福建广播电视大学学报,2017(5):15-22.

[32]许珍,王冬元.应用型人才培养策略下的地方本科高校人文素质教育研究[J].科教导刊(中旬刊),2017(17):27-28.

[33]罗建华,刘浩源.地方高校转型背景下应用型人才教育模式分析[J].高教学刊,2016(22):199-200.

[34]翁震华.教育渗透性对高校培养高素质应用型人才的启示——以德国职业人群入学德国高校资格为例[J].江苏高教,2016(2):123-125.

[35]薛玉香,王占仁.地方高校应用型人才培养特色研究[J].高等工程教育研究,2016(1):149-153.

[36] 王晓萍 . 应用型人才智能结构与地方高校教师教学质量的评价 [J].
求索 ,2015(7):188-192.

[37] 张宗元 , 谭春波 , 桑小昆 . 民办本科高校应用型人才人文素质教育
探析 [J]. 山东社会科学 ,2015(S1):86-88.

[38] 张文强 . 基于产教融合的应用型高校 "双创" 教育 [J]. 中国高新科
技 ,2020(24):123-125.

[39] 刘思琪 . 大数据时代应用型高校教育治理现代化的路径探索 [J]. 软
件 ,2020(12):230-232.

[40] 汪昌华 , 陈晓惠 , 储文娟 . 应用型高校教育满意度现状调查与政策
建议 [J]. 应用型高等教育研究 ,2020(3):8-13.

[41] 贾小晨 . 应用型高校大学生养成教育的实践研究 [J]. 科技视
界 ,2020(21):55-57.

[42] 谭成才 , 王志丹 . 应用型高校养成教育体系构建与创新探究 [J]. 通
化师范学院学报 ,2020(7):135-139.

[43] 尹晓梅 . 基于创新创业教育改革下高校应用型人才培养研究 [J]. 现
代营销 (经营版),2020(5):234-235.

[44] 吕红军 . 应用型高校本科教育发展策略研究 [J]. 齐齐哈尔大学学报
(哲学社会科学版),2020(4):152-155.

[45] 程族桁 . 基于培养应用型人才的高校创新创业教育教学体系改革探
索 [J]. 教育观察 ,2020(14):82-83.

[46] 包明齐 . 应用型高校大学生职业发展教育中核心价值观的渗透研究
[J]. 教育教学论坛 ,2020(5):63-64.

[47] 刘玉洁 . 应用型高校第二课堂教育有效路径探析 [J]. 传播力研
究 ,2019(31):268.

[48] 郝晟戎 , 肖化柱 . 我国地方高校应用型人才培养路径探析——基于
德美两国职业教育模式 [J]. 兴义民族师范学院学报 ,2019(5):97-100.

[49]房岩, 孙刚, 陈野夫, 等. 成果导向视域下应用型人才培养的创新实践 [J]. 白城师范学院学报, 2019(10):64-66,70.

[50]颜宏赫. 高校创新创业教育中应用型人才培养的实践路径探究 [J]. 商讯, 2019(28):196.

[51]毛鸢靓. 探究应用型人才培养高校创新创业教育的实践路径 [J]. 营销界, 2019(38):68,122.

[52]王贺锋. 应用型高校"绿色教育"的目标与价值期待 [J]. 许昌学院学报, 2019,(4):144-146.

[53]王小林, 徐伟洲, 张雄. 讲求实效及实践性的地方高校应用型人才培养模式思考与创新 [J]. 智库时代, 2019(31):47+49.

[54]韩笑, 陈曦, 王飞雪. 谈"互联网+"视域下应用型高校人文素质教育体系的构建 [J]. 艺术研究, 2019(3):118-119.

[55]冼娟. 应用型人才培养视阈下高校创新创业教育模式探究 [J]. 创新创业理论研究与实践, 2019(11):115-116.

[56]李亮宇, 高静. 应用型高校通识教育的理念与实践 [J]. 三峡论坛 (三峡文学·理论版),2019,(03):101-104.

[57]郭祺佳. 基于职场胜任力视角的应用型高校学生个性化就业教育指导研究 [J]. 经济师, 2019(3):184-185.

[58]周高明. 基于应用型人才培养的高校教学改革问题探究 [J]. 创新创业理论研究与实践, 2019(3):76-77.